萬曆駕到

多元、开放、创新的文化盛世

何国庆 编著

浙江大学出版社
ZHEJIANG UNIVERSITY PRESS

谨以此书献给我的父母

感念他们携手走过烽火下的那段艰辛岁月，

及为我们建立起的这座安定的家园。

序
在万历文艺复兴面前

卜正民（Timothy James Brook）
加拿大英属哥伦比亚大学历史系教授

  如果你问英国人，英国文学与文化的根基最远可以回溯到何时，多数会回答：伊丽莎白时代。这时代里知名人物辈出，如莎士比亚（William Shakespeare）、班·琼森（Ben Jonson）、弗朗西斯·培根（Francis Bacon）、约翰·堂恩（John Donne），更不可忘记因她命名的伊丽莎白女王。这些才华横溢的人们，多数出身平民，于时代交替至十七世纪之时聚集到伦敦。在文艺复兴百家争鸣中，他们以新思维、新道德，甚至是领导者统治的新典范，重新塑造了英国文化。伊丽莎白时代遗产里，我们今日最熟悉的是英语。当时的英语现在听来可能有些古旧，但莎翁与他同时代的人们在纸上所写下的，是今日三四亿人使用的英语的根基。而且如今有两倍于此数的非英语母语区的人在热切地学习英语。伊丽莎白时代不仅翻转了他们的世界，还有我们的。

  只是为什么这些人那么刚好，不早也不晚，都集中在十七世纪拂晓之时现身？我们可以从英国悠久的历史里举出许多内在因素，但是最显而易见的却根本不在英国国内，而是在国外。其实不只英国，整个欧洲都在这段时间里遭遇从未见过的新世界。人们旅行，交易货物，金钱以惊人的速度累积。欧洲人踏上了陌生的土地，遭遇未曾耳闻的文化，造成了大规模的流离失所与痛苦。可是这段经验却让他们对生存有了不同的看法，并以此挑战过去的每一项假设。伊丽莎白时代的人紧抓住这项新事实并内化于己，即便他们明白重新塑造世界的过程有多么艰辛。最好的例子当然就是《暴风雨》，莎士比亚尝试客观地面对全球化所带来的暴力。与他同时代的人们所采取的应对方法，大半奠定了我们所谓的现代社会的大半样貌。

那么改问中国人，中国文学与文化的根基最远可追溯到何时。多数人的思绪会飞跃至唐朝，或再久远一些的战国，甚至是孔子的时代。回顾古代历史向来是中国文化中根深蒂固的习惯，但我抱持不同看法。如果我们探究今日居住在城市的中国人实际之所思所行，为何与他们心里以为自己应该所思所行背道而驰，那么我认为与伊丽莎白女王同一时代，明朝万历皇帝朱翊钧才更接近答案的核心。这个时代出了袁宏道、汤显祖、董其昌、徐光启等杰出人士。对我而言，他们与身处同一时代的伊丽莎白时代的人几乎一样有胆识、富有创新精神。他们挑战旧有的思想习惯，想象新的处世之道，并且让文言文进化成今日十三亿多人所使用的白话文，而且有越来越多像我这样的外国人前来学习。五千年历史博大精深，但尾端的这五百年才形塑了今日中国的样貌。

万历时代的中国人对于外国事物的认识的确比不上伊丽莎白时代的人，但他们并未与外界隔绝，他们知道外面的世界非常广阔。例如徐光启与海外游历的人士往来，了解到中国不能无视海岸线以外的世界局势。他与许多欧洲传教士合作，为明朝与文艺复兴欧洲的知识落差，搭起联结的桥梁。他并非孤军奋斗。即便已经是中国绘画大家，董其昌看过欧洲雕刻术后，将某些绘画技术运用到自己的绘画中。不是每个人都喜欢改变，但有谁能站在岸边阻止时代浪潮来袭？

我们无法回到万历年间亲眼见到形塑中国未来的男男女女。但感谢何国庆所收藏的文献史料，让我们有幸得以亲睹万历时代的真迹。看着汤显祖的墨宝，我仿佛看到莎士比亚在纸上书写。读着徐光启的文章，就如读班·琼森的书信一样令人激动。欣赏袁宏道的书法，如读约翰·堂恩的文字一样发人深省。我是何等荣幸能够亲见这些名垂青史的思想家的真迹。他们与英国伊丽莎白时代的俊杰一样，都是睿智的老祖宗。

　　仔细看看这些书信。如果不能了解我们的祖先，将无法了解自己。这些文献帮助我们尽可能地与他们拉近距离。通过这些史料，他们展现了自己身为何人，经历过哪些事；也告诉我们身为何人，以及仍须努力之处。

当代人的晚明关怀

杨儒宾

台湾清华大学中文系讲座教授

　　老朋友明民馆馆主何国庆先生又要出书了。笔者在此称呼何先生为老友，没有高攀也没有托大的意思。早在1995年，何创时书法艺术基金会举办开馆第一档展览"明清近代高僧书法展"，何先生不耻下借，向区区在下借了两件藏品展出后，我和他即有长达二十余年"亦敌亦友"的特殊交谊。

　　何先生慈心佛面，是慈济的大护法，有人要与之为敌，谈何容易！在理性可以思考的范围内，理智的人也不太容易找到可以与之角力的诱因。我与他所以有"为敌"的可能，纯粹是收藏的缘故。中国艺术、中国书画在二十世纪之前，比如说公元2000年之前，市场价格对我们这些穷教员还是开放的，不管在古董店还是拍卖市场上，当时只要不碰到有文化理念的买家，我辈穷教员都还有些机会买到文化内涵较浓厚的作品。二十世纪，华人世界中有文化意识与修养的买家不多，很不凑巧，何先生恰好是个中的凤之毛、麟之角，而且胃口奇大，其收藏中心虽有所在，涉猎却无所不在。何先生家道尚属殷实，口袋颇深，竞标的结局就不用谈了。面对我这位败军之将，何先生有时还蛮有风度的，他会偷偷帮我拍一两件我承受得起价格的藏品，我聊胜于无，他也借以安抚败北者的心灵创伤。

　　随着中国文物市场价格的冲飞，我"为敌"的资格自动丧失，昔日出入东亚地区古董市集的美好岁月，早就被时光冲刷到遥远的记忆之海的角隅了。我别无选择，只能宽心释怀，接受何先生为友，我也极乐意与其为友。在这么多台湾商人中，比何先生财富殷实的大有人在，谁愿意出钱，做个收藏家？已是收藏家了，有几位能像何先生这样将收藏当志业？其藏品就像五百年来文化史的展现，而且是多维度又有体系地展现；已是有体系的收藏者了，又有几位能像何先生这样将个人的品味化为公共教育的资源？他自己出资成立基金会，办展、演讲、出书，而且规模不小，其活动能量甚至在不少公立博物馆之上。更重要的是，他的收藏拥有独特的文化视野，以物证道，以艺入玄。由书作的点勒钩撇、信札的切切情语、册页的连珠跋记，由小见大，事事关心，一个时代的风情就由此展开，哪位收藏家有如此独特的风格？一个人如有机会受到这样的藏家的厚爱，或借展藏品，或嘱咐撰文，或受命编书，他焉能不竭力以赴？又焉能不以"我的朋友何某某"之语自豪？

　　《万历驾到》一书是何先生最近将要出版的一部书，论及这部书的成书过程，近则是建立在这两三年"万历万象"几档成功展览基础上编成的，远则是在何先生二三十年来日孜月矻的努力下而成的。何先生的书法收藏以明代及当代为两大重心，他是政治上的当代人，也是文化上的明朝人，他对这两个时期的文化特别关心。关心所致，另生见解。明朝是很接近当代的一个时代，晚近学者论中西文化或论中国现代性的问题时，明代都是关键期。同样有重要文化意义的台湾史也是在明代展现的，郑成功时期于此一岛屿浓缩了中西两种文明与明清两朝的文化冲突与转折。明代的影响就在我们身边，或者说，就在我们身上，绕不过去的。

明亡于崇祯，但史家论明亡原因，常将祸因远溯至万历。明朝皇帝的总体特色在于大有作为，从开国的朱元璋到煤山自缢的朱由检（崇祯帝）莫不如此。万历皇帝恰好相反，他的政绩之中最匪夷所思者，在于他非比寻常的不作为。中国历史上，要找到如万历帝之不识不知、无思无为者，再无第二帝。偏偏他在位甚久，长达四十八年，政坛的中枢神经几乎长期瘫痪。但何先生搜集万历时期书画甚丰，越收集越感万历一朝之文质彬彬，光辉灿烂。他相信后人对万历一朝的总体判断需要调整，万历皇帝的无为不见得是懒，而是无为而无不为。"万历三大征"就不是无作为，万历时期东来的传教士看到的中国也是礼乐衣冠的天朝。

　　历史的判断难免依不同的视角而立，何先生的说法是翻案，是一家之言。但他的"翻"是有本的，他的论证最大的本钱来自他丰富的收藏传达出的文化信息。退一步想，即使何说不能视为定论，它仍有重要的意义。虽然论者可以反驳道，万历一朝的书画与同一时期的政治、经济、军事局势大有龃龉，文化的盛世不等于政治的盛世。但我们也可以反过来想，万历一朝纵使真是衰世，衰世所传达出来的真相更值得重视。因为连衰世都有如此耀人心目、辉照千古的文化表现，那么，中国的盛世可知矣！

晚明的世界，世界的晚明

郑培凯

中华学社社长、香港非物质文化遗产咨询委员会主席

　　中国历史源远流长，错综复杂，过去一直有"一部二十四史，不知从何说起"之叹。长期以来由于"政治挂帅"的历史观深入人心，人们总是把改朝换代作为理解历史的基调，讲起中国历史，就以官方写史的维度，逐一叙述王朝的兴衰更替，细说"夏商周秦汉、三国两晋南北朝、隋唐五代、宋元明清"。二十世纪的剧烈社会变动，促使史家观点多元，以不同角度探索中国历史变化的脉络，有的从社会结构与阶级变动着眼，提出唐宋变革，由贵族世家霸权统治转变为科举选士的文治架构。强调思想文化的学者，则从文化精神与意识形态着眼，指出春秋战国与新文化运动是中国历史发展的两大拐点，前者奠定了传统中国社会思维的格局，后者开创了现代中国的面貌。二十一世纪全球化进行得如火如荼，更令史学家放眼全球，以世界史的角度来思考中国历史的演化，尤其关注中外文化交流，注意交通贸易所产生的物质文明扩散与中外文化思想的相互影响，开始聚焦于大航海时代的晚明中国。

　　传统史家对晚明的叙述，一般比较负面，是将其作为朝代覆灭之前的衰世来看待的。晚明政府陷入党派斗争，文人沉溺于诗酒风流，社会贫富悬殊，阶级分化严重，最后明末出现民变起义，再加上清朝崛起关外，这都使得传统史家认为，万历一朝导致明代的覆灭。然而，这种观点有其可议之处，甚至充满历史判断的谬误，忽视了万历一朝人们生活的实际状况。假如我们不以政治成败论英雄，不以政权兴替作为历史评价的唯一标准，从全球历史发展的大格局来看，就会发现，晚明的商品

经济繁荣、社会风气开放、思想自由活跃、文学创作蓬勃、艺术探索创新、生活品味精致，是当时全世界最先进、最发达的文明地区，谱写了早期全球化时期世界史最为精彩夺目的篇章。

何国庆先生作为书画收藏家，长期以来专注收藏明末清初的书画作品，特别是十六世纪后半叶到十七世纪初的万历时代，的确是别具慧眼，揭示了晚明历史的世界性文化意义。他的收藏不但集中了具体的艺术品，为艺术史研究提供宝贵的材料，而且可以联系书画作者的社会网络与人际关系，呈现了晚明社会的千姿百态，让我们在四百年后，如睹其人，如闻其声，从笔走龙蛇的艺术展现到友朋往来的书牍投赠，看到了时人思想感情的互动，甚至展现了中外文化交流的动向。

这本书的第一篇"中西交流与全球化"，略述晚明中国在早期全球化过程中扮演的角色，并借着利玛窦来华接触的士大夫，列举徐光启、焦竑、祝世禄、王弘诲的书迹，以实物展现这些协助中西文化交流的人物。其中说到思想家焦竑（万历十七年状元）是徐光启的恩师，也是介绍徐光启与利玛窦结识的关键人物。焦竑的同年，有陶望龄（探花），是袁宏道兄弟的挚交，一同开创了公安派文学思潮，且崇仰并宣扬徐渭的文艺成就。同榜进士，还有二甲第一名董其昌（传胪），三甲的祝世禄、高攀龙等人。焦竑特别推崇的好友李贽，在晚明知识界是特立独行的思想家，也在南京因为焦竑与徐光启而结识了利玛窦。由此推知，万历年间思想开放的知识群体，在文艺见解与创作上都有探索精神，与早期全球化这个时代激起的社会结构松绑，及其衍生的社会文化创新能量，是息息相关的。

李贽与利玛窦来往密切，思想有过交锋，曾特别介绍过利玛窦（西泰）的思想言行：

> 承公问及利西泰，西泰，大西域人也。到中国十万余里，初航海至南天竺始知有佛，已走四万余里矣。及抵广州南海，然后知我大明国土先有尧舜，后有周孔。住南海肇庆几二十载，凡我国书籍无不读，请先辈与订音释，请明于"四书"性理者解其大义，又请明于"六经"疏义者通其解说，今尽能言我此间之言，作此间之文字，行此间之仪礼，是一极标致人也。中极玲珑，外极朴实，数十人群聚喧杂，雠对各得，傍不得以其间斗之使乱。我所见人未有其比，非过亢则过谄，非露聪明则太闷闷瞆瞆者，皆让之矣。但不知到此何为，我已经三度相会，毕竟不知到此何干也。意其欲以所学易吾周孔之学，则又太愚，恐非是尔。

李贽的观察十分精准，发现利玛窦是极其标致的人物，聪明绝顶，学殖深厚，谦虚朴实，但却说不准他来华的动机。李贽推想，若是利玛窦想以西学（包括基督教）来取代中国传统儒学，未免有点过分，这让他相当疑惑。李贽的疑惑，可能反映了当时心胸开放的士大夫知识人的态度，即对利玛窦的传教事业存疑，却对中西文化碰撞的思想交流有浓厚的兴趣，展现了晚明思想开放的时代精神。李贽曾写《赠利西泰》一诗："逍遥下北溟，迤逦向南征。刹利标名姓，仙山纪水程。回头十万里，举目九重城。观国之光未？中天日正明。"这首诗赞誉了利玛窦迢迢万里来到中国，结尾却夸耀大明帝国的文化荣光，"中天日正明"反映李贽在接触西方文化思想之际，涌现的是文化自信。

何先生书中展示的书画收藏极为丰富，有明代文臣武将的书迹，也有思想界、文学界、艺术界的名家手迹，更有科技、方外、妇女等类别，反映了晚明文艺思潮的活泼与跃动，同时也展现早期全球化对传统社会的冲击，促成了对艺术的探索。

晚明：一个多元的时代

白谦慎

浙江大学文化遗产研究院教授

1573年，明神宗朱翊钧登基，年号万历。直至1620年去世，万历皇帝在位长达四十八年。在这"万历年间"，中国文化在诸多方面取得了伟大成就。即使在清军入主中原之后，汉族读书人也常会以无比依恋的心情怀念那个时代。清代初年，江西文人徐世溥（1608—1658）写给朋友的一通信札，评述了万历年间的繁荣景象：

> 当神宗时，天下文治响盛。若赵高邑（赵南星，1550—1627）、顾无锡（顾宪成，1550—1612）、邹吉水（邹元标，1551—1624）、海琼州（海瑞，1514—1587）之道德风节，袁嘉兴（袁黄，1533—1606）之穷理，焦秣林（焦竑，1541—1620）之博物，董华亭（董其昌，1555—1636）之书画，徐上海（徐光启，1562—1620）、利西士（利玛窦，Matthew Ricci，1552—1610）之历法，汤临川（汤显祖，1550—1617）之词曲，李奉祠（李时珍，1518—1593）之本草，赵隐君（赵宦光，1559—1625）之字学。下而时氏（时大彬）之陶，顾氏（名不详）之冶，方氏（方于鲁，1541—1608）、程氏（程君房，1541—1610后）之墨，陆氏（陆子刚）攻玉，何氏（何震，1535—1604）刻印，皆可与古作者同敝天壤。

从道德风节到学术思想，从书画艺术到文学、戏曲，从天文历算到传统医学，从文字学到刻印，从冶炼到琢玉，徐世溥一一列举了万历年

11

间文化代表人物的卓越成就，并相信他们堪与古代的英杰媲美。

何国庆先生的《万历驾到》一书，便把我们带到了那个令人向往的时代。除了文字描述，此书附有上百件由万历年间的人物创作的书画，其中便有徐世溥名单中提到的焦竑、徐光启、袁黄、董其昌、李时珍、汤显祖等人的手迹。睹物思人，书中的先贤因此变得更加亲近可爱。

回顾万历年间，对于曾经以政治学为业的我来说，总有两个挥之不去的问题：是什么造就了万历年间的辉煌？又是什么使得这辉煌在明神宗去世二十余年后便走向土崩瓦解？

对这两个问题，从来不乏探讨的学者。无论是从大航海时代开始讲起，还是用白银时代来描述当时的经济状况，都是在探讨万历时代的外部环境。而朝廷政策的宽松，商品经济的发达，城市文化的繁荣，印刷文化的蓬勃，都被视为万历年间多元文化的内部催化剂。分析总是冷静而又理性的，而三百多年前那个充满着令人目眩的变化的社会却远比今天的理性反思复杂得多。二十世纪的学者吴讷孙（Nelson Wu）这样描述晚明的社会文化景观：

> 晚明的中国展现的图景是如此的错综复杂，以至于连"错综复杂"这个词在这一特定的时间框架外都将失去其所特有的意义。在地域之间呈现出丰富差异的背景下，政治运动与学术思潮的多元性，以及人们对生活、对朝廷所持的各种不同态度，产生出由多种异质

所构成的现象。我们姑且称之为"晚明现象"。

多种异质的相互激荡，令人振奋和战栗，即使是一个辉煌的时代，也并非完全由伟大的成就及高尚的动机所造就，它还常常会伴随着普遍的政治腐败和道德沦丧。所以，当明王朝因国内扰攘及八旗兵入侵而覆灭后，那个充满蓬勃生气的"文治响盛"的时代，亦随之告终。

对明代覆亡的反思，从覆亡的那一刻起，便已开始。当代学者也尝试着给出种种答案。令人瞩目的是，李伯重先生在最近的研究中，从环境史和全球史的角度来重新探讨明亡。气候的变化对经济造成了巨大影响，明末自然灾害频仍，瘟疫横行，"在这些严重而且长期的大灾荒中，原有的社会秩序崩溃了……明朝的灭亡，在很大程度上可以归咎于气候变化。换言之，就是'天'亡大明。"李先生进而从十七世纪世界各地面临的挑战，指出了小冰河期的气候给全球带来的巨大动乱，指出了明亡只是世界性的"十七世纪危机"中诸多危机之一。如果果真是"天"欲亡大明，那么生活在明亡前万历年间的人们，尽享和平与繁荣，确实是幸运的。

李先生虽然强调了气候在明亡中的重要作用，他的观点也并非是宿命论的。在其完整的论述中，还引进了另一个变数：早期经济全球化，特别是其中西方先进武器的传播。无论是李自成攻入北京，还是清兵挥师中原，明朝的覆亡最直接地呈现为军事抗争失败后的政权迭替。不过，一旦这个变数被引入，情况就比列举气候变化复杂多了：一个政权能否有效地调动自己的人力、财力来应对外部的军事威胁，涉及它的机构是否有效率、主流的意识形态能否汇聚人心等等一系列军事抗争以外的问题。

清兵入主中原后，政治情势不变。晚明之繁荣，其衰败之势亦如秋风中的落叶，一切来得如此突然、惨烈，顾炎武等怀有天下之志的读书人，都不得不思考明亡的原因。有意思的是，《万历驾到》一书中赫然在列的大儒顾炎武，正是在清初对万历年间的政治文化反思最多、批评也最多的读书人，在他看来，某些亡明的种子，恰恰是在万历年间埋下的。

顾炎武的反思和批评是否切中要害，可能见仁见智。但是，这位曾经在万历年间生活，又经历了明清鼎革的读书人的反思和批评，却承载着明亡后第一代读书人最真切的感受。

受嘱为《万历驾到》撰序，写下以上议论，并不是要表述与何国庆先生不同的观点。万历年间确实是一个文化上多元而又繁荣的伟大时期，这不可否认。我只是借此机会，记录下自己与当下中国相关的思考。虽说如今也有种种不尽如人意之事，但同样不可否认的是，我们正享受着一百多年来难得的和平与繁荣。可和平与繁荣有时竟会如此的短暂和脆弱，这就不得不令我们思考：如何才能长治久安？

序

致敬晚明

何国庆

何创时书法艺术基金会董事长

犹记得初中时，历史老师讲故事精彩生动、充满热情。但是谈到清末民国列强侵略、国破民困的这段往事时，他那悲愤的神情深深地撼动了我，当时的我在心中暗自期许，有朝一日要为民族复兴尽一份心力。

大学毕业后从商，我曾收到一批大千先生的藏品，由此才开始收藏。1991年，父亲辞世。他生于民国，青年时就投笔从戎献身抗战，晚年寄情于书法。整理父亲遗墨时，看到了一首苏东坡《江城子》，"十年生死两茫茫，不思量，自难忘"，体会到父亲思念先母之情。他又写王翰《凉州词》，"醉卧沙场君莫笑，古来征战几人回"，就知道他追怀在战争中为国牺牲的黄埔袍泽。这让我深刻地体悟到，书法对于情感抒发的帮助很大。只要笔、墨、纸、砚加上桌子，再有一本名家字帖，就可穿越时空，神交古人，这是一种非常简易又不费钱的艺术。所以我决定以父亲之名，成立何创时书法艺术基金会，有计划地收藏并推广我们祖先留下的珍贵礼物——书法。

1995年何创时书法艺术基金会成立时，身为佛门弟子的我，以"明清近代高僧书法展"作为开幕的首展。其间，我亲睹了明代高僧憨山、破山、云栖等人的真迹，如见其面，如闻其声，仿佛领受了大师们的教诲。之后又陆续收藏明、清、民国时期的文化名人书迹，阅读了相关书籍，并查考了数据库丰富的史料之后，才发觉"历史"是可以有着不同解读的。

龚自珍曾说，"欲亡其国，必先灭其史"，可见正确理解历史的重要

序

性。以往我受黄仁宇《万历十五年》的影响，对晚明历史有负面的印象。而在读过三本由传教士所写、轰动欧洲的畅销书（利玛窦《中国札记》[1615]、门多萨《大中华帝国史》[1585]与曾德昭《大中国志》[1641]）的中译本后，我大为震惊。才知道在十七世纪的大航海时代，西方人来华，那时他们看到的中国，正处于富而好礼的盛世，也是地球村中的重要成员。此时出现了许多世界级的大师，举凡思想、科学、医学、水利、园林、工艺、小说、戏曲、宗教、书画各方面，都有了不起的成就。利玛窦曾说："中国，这个上帝光辉没有照耀的地方，竟然被治理得这么好。国民风度翩翩，谈吐文雅，彬彬有礼。柏拉图的乌托邦，在这里是真实存在的。""明代中国政府是由一群博士（进士）来治理的。"这群博士（进士）有很多是像《几何原理》的译者徐光启一样的"博学之士"。记得有次宋庆龄基金会的同仁来访，看到展示着的徐光启书法，当下表示，"宋先生的外婆姓徐，是徐光启的后人"。我才领悟人们常说的那句"五百年前一家人"，这些明贤也都是我们的祖先。

怀着对宋儒张载"为天地立心，为生民立命，为往圣继绝学，为万世开太平"的感念，我也愿以"为先贤传绝迹、继绝学"为努力的方向。这本书就是借由诸多先贤的墨迹，呈现他们的辉煌成就。当中西文明碰撞之时，他们让西方人看见了一个璀璨的中国文明社会。如今来到二十一世纪，我们理应怀着感恩之心，见贤思齐，秉承他们多元、开放、创新的思维，为地球村再树立一个富而好礼的大国国民典范。

万历时代的中国人形象

——富而好礼

十六世纪，欧洲传教士来到明朝，惊叹世上竟然有这个"乌托邦"。那时，中西方在科学、文学、艺术、思想等各方面平等交流、相互尊重。明朝中国社会的政府体制、经济、交通、城市规划，以及中国人彬彬有礼、整洁、文明、谦虚的性格特质，令外国传教士赞不绝口。也许现代人难以想象，但若翻开明人笔记，或者戏曲与小说，我们会发现，中国历史上曾有那样美好的时光：人才济济，富而好礼，自重人重。

社会生活

政府治理井井有条

意大利传教士利玛窦赞叹中国政府以极度的智慧治理百姓，内阁制度高度成熟。1565年，葡萄牙人克路士来到中国，说道："中国比其他国人口多，国土大，政体和政府优越。"现代研治明代政府体制的专家、密歇根大学荣誉教授贺凯（Charles O. Hucker），也认同明代政府是同时代世界上最成功的庞大的政府。

明朝官员并非手无缚鸡之力的读书人，他们注重实践、躬行践履。有像王守仁、唐顺之那般允文允武的将官，也有像翁大立、潘季驯等实地勘查，站在百姓立场来规划建设工程的治水名臣。居乡的士大夫们聚徒讲学，评议朝政，如明朝著名的东林党领袖顾宪成曾说："风声、雨声、读书声，声声入耳；家事、国事、天下事，事事关心。"明朝的知识分子们，在朝时是为百姓谋福利的官员，在野时就宣扬天下兴亡为己任的理念。

经济繁荣

由于明朝政府优越的政体，平民们安居乐业。只要与老百姓生活息息相关的各行各业，如农业、渔业、餐饮、交通、纺织、陶瓷、出版、娱乐、家具、建筑等等，都以巨大的创造力高度发展。贸易发达，中国商品受到世界各国的喜爱。明代晚期，全世界因欧亚贸易流入中国的白银占全球的三分之一（约一万吨白银）。由于中国生产的陶瓷、丝绸、茶叶等大量销往国外，1600年中国的GDP占全世界总量的四分之一，中国可说是地球村中的精品工厂！

传教士曾德昭来到中国，赞叹这片土地的富饶与贸易的发达："这个国家的财富值得称羡……他们还把所有东方最好最贵重的商品售卖给外国人。"门多萨（Gonzales de Mendoza，1540—1617）描述中国人经济活络与致富之因，是勤奋，"中国食品丰富，讲究穿着，家里陈设华丽，努力工作劳动！大商人和买卖人使中国成为全世界最富饶的国家"。因为赚钱取之有道，"人们长寿愉快，老人精力旺盛"，在经济繁荣的背后，还有充足、饱满的精神生活。

交通发达

有明史研究者指出，明代农业税低、商业税更低，这对经济与交通影响至巨。1598年利玛窦随南京礼部尚书王弘诲，沿着大运河取道南京，前往北京，利玛窦观察到有无数装有贡品的船只络绎不绝地驶往京城。大运河上之所以能有这么多艘货船航行，是由于明代的船只通行税（船钞）低。在整段航程中，只在扬州、淮安等数处关口征收一次（最多二次）关税。低税的政策使得运河沿岸商业发达，航运也欣欣向荣。

明代的陆运同样便捷。宋应星《天工开物·序》中描述了万历年间的交通盛况："幸生圣明极盛之世，滇南车马，纵贯辽阳，岭徼宦商，衡游蓟北。为方万里中，何事何物不可见见闻闻？"由于交通极其发达，新事物、新资讯更快速地融入百姓日常生活当中。可以说，《天工开物》这本中国工艺百科全书，是宋应星靠着便捷的交通网络，闯南走北才写成的！

城市美观

　　明朝工匠被认为是当时全世界最好的。门多萨说："大道都认真尽力地修筑和保持平坦，城镇的入口很讲究，极其雄伟，有三座或四座门，用铁坚固地包覆。他们的街道铺得很好，宽到十五骑可以并行，而且很直，以致它们尽管很长，你仍可望到尽头。"大道平坦宽阔、城门坚固雄伟，明朝的城市规划令外国人叹为观止。人们居住的房屋不仅漂亮，而且还在屋边布置花园："他们的房屋一般都很漂亮，通常在门外整齐地植树，显得美观，给街道生辉。房屋内部都白如奶汁，看来都像是光滑的纸，地板用很大和很平的方石铺成，天花板用木料制作，结构良好并且涂色，看去像是锦缎，色彩金黄，显得非常好看；每座屋舍都有三个庭院和种满供观赏花草的院子。他们无人不备有鱼塘，尽管它只是小的。庭院的一方布置得很华丽。"总之，既美观、又耐用。中国人所追求的内外和谐，充分表现在建筑工艺视觉与实用的平衡当中。

人文素质

极为干净

　　《朱子治家格言》起首便说："黎明即起，洒扫庭除，要内外整洁"，以打扫作为一日之始，不论居室或内心，"内外整洁"是第一要务。传教士门多萨也注意到中国人爱干净："他们第一是极其清洁，不仅在他们的屋内，也在街上。"伯来拉也说："全中国的人和我们一样，坐在椅子上就高高的桌子吃饭，尽管不用桌布和餐巾，仍是那样整洁……他们用两根棍子（筷子）取食，不用手接触食物。"这是高度文明的国家的用餐礼仪。另一种干净是来自中国人扶弱济贫的内心。门多萨从未见过有中国人行乞，因为每个城市里都有收容所，其中有很多给穷人、盲人、残疾人、老人、无力谋生的人居住的房屋。在他们活着的时候，始终有充分的大米供给。这些人可以在上述的大馆舍中安养天年，此外他们在这些地方养有猪和鸡，因此穷人无须行乞也能生活。这真能让现代人引以为鉴，我们不满街友（流浪汉）生活环境之邋遢，却不知明朝社会是这样照顾"弱势族群"的。中国人不仅自身爱干净，更慷慨行善，推己及人，净化社会！

礼仪之邦

中国人是文明有礼的民族。利玛窦说："人们衣饰华美，风度翩翩，百姓精神愉快，彬彬有礼，谈吐文雅。中国这个古老的帝国以普遍讲究温文有礼而知名于世，'仁义礼智信'是他们最为重视的五大美德。对于他们来说，办事要体谅、尊重和恭敬别人。"我们的祖先以礼仪之邦而扬名国际，这是中国人共同的骄傲。伯来拉更进一步称赞："吃饭文明，讲话也文明，论礼节他们超越了其他所有的民族。"礼仪不应徒具形式，更需发自内心对待日常生活中的人或事物。更进一步来说，礼仪不仅体现在人与人的交往上，更具有改变社会状态的力量。王守仁的弟子及其后学于居乡时，主导家族建立宗祠，凝聚宗族的向心力，又举办讲会，阐述睦族之道。而在出任地方官时，大力赞助刊刻简明的礼仪书籍，并召集学生、童子演习礼仪。明代人身体力行，将礼仪的精神与实践普及于一般大众，值得现代人深刻反思。

谦虚的美德

治水名臣翁大立曾与万恭合作《孔子观敧器图》。敧器不盛水时，倾斜而无法放置端正；若注入满满的水，又会向另一侧翻倒；只有在水量适当时，才可以摆放端正。君子时常将这种敧器放在座右，提醒自己时时谦虚。《易经》也记载："有一道，大足以守天下，中足以守国家，小

翁大立、万恭,《孔子观欹器图》局部。翁大立是明代治水名臣,曾与潘季驯合作治理黄河水患。图中三个欹器,左边装得太满而倾倒,右边没有盛水而歪斜,只有正中间水量适当才能摆放端正。

足以守其身,谦之谓也。"可见从远古以来,中国人就至为强调谦虚的美德。曾德昭也看到了这一点,他说:"中国人爽快地赞颂邻国的任何德行,勇敢地自承不如,而其他国家的人,除了自己国家的东西以外,不喜欢别的东西。中国人看见来自欧洲的产品,即使并不精巧,仍然发出一声赞叹。……这种谦逊态度真值得称羡,特别表现在一个才能超越他人的民族上。"如今比起明朝更加富有了,在财富曲线增长的同时,莫忘了我们祖先的谆谆教诲，谦虚与礼仪是中华文明的重要内涵。

瞻仰大师丰采

十七世纪的科学天才莱布尼茨（Gottfried Wilhelm Leibniz，1646—1716）曾说："我们很难用语言来形容，中国人是如何完美地致力于谋求社会的和平与建立人与人相处的秩序，以便人们能够尽可能地减少给对方造成的不适。"又说："我们从前谁也不信世界上还有比我们伦理更美满、立身处世之道更进步的民族存在，现在从东方的中国，给我们以一大觉醒！"其中所言的"立身处世之道"正体现于谦虚与礼仪当中。因为明朝中国人的文化是如此可敬，使得传教士们率先学习汉语、改穿儒服，甚至为此改变天主教的某些教规，接纳中国祭祖祭孔的习俗，大批中国精英士人因此加入天主教。中国最早成为天主教司铎的吴历，更主张推行"华化天学"＊。明朝时，中国与欧洲诸国是以尊重的态度相互学习、文化交流的，可惜明亡后中断了，否则天主教也可能像汉传佛教一样，发展出中华人文的特色。

＊"华化天学"是一种具有中国人文特色的天主教。

自鸦片战争以来，西方挟坚船利炮武力叩关，以强凌弱，给被压迫国家及人民带来极大的痛苦。回看万历时代，明朝身为世界大国，却没有侵略别的国家，也没有殖民的行为，把别国变成自己的领土。马来西亚总理马哈蒂尔（Mahathir bin Mohamad）曾表示，中国和马来西亚有上千年和平友好的贸易交往，中国从来没有占据或殖民马来西亚的意识，和西方的殖民主义完全不同！菲律宾总统杜特尔特（Rodrigo Duterte）也说："中国从来没有侵略过菲律宾。"如今，中华民族再度站上世界舞台，东西方世界应当平等交流、互相尊重。如今恐怖攻击频发，出现世纪难民潮，人心惶惶，而造成恐怖主义的原因更是多种多样。我认为，世界各国应该参考明朝不向外侵略的做法，这种模式才是世界和平的基础。汤因比（Arnold Joseph Toynbee）曾说，中国比西方更成功之处在于，中国在和平而有规律（peace and order）、相对较安定的环境中，成功地维系了数亿人的团结一致。这个现象的内在逻辑，值得我们深思。

能够收藏这些名贤的书迹，对我而言是特别的缘分。我编写这本书，希望让现代人亲眼看到这些墨迹，从他们的选纸、用墨、印章以及线条、结构、章法的变化中，感受他们运笔书写的情景与心境，让大师的丰采跃然眼前，展现其光辉的生命力！他们一起创造了一个文明、繁荣、创新、开放的时代，他们就是值得我们学习、礼敬的祖先。"哲人日已远，典型在夙昔"，我想要仿效司马迁《史记》列传的方式，"藏诸名山，传之其人"，用真实的作品、贴近生活的故事来呈现明代大师的生命智慧。至圣先师孔子曾说："贫而无谄，富而无骄，未若贫而乐，富而好礼者也！"拥抱富而好礼的文化资产，推己及人，这个地球村将会更加和谐美好。

目 录

第三篇　　75

科学与技术

总结经验，集其大成
科技发展来自日常生活
采矿与冶金、造纸与印刷技术提升
军事科技领先西方
走在尖端的医学与农学
多元开放，大师辈出

第四篇　　101

思想与宗教

实学思潮　知行合一
主体意识觉醒
三教一理　兼容宗派

第五篇　127

艺术与文学

昆曲：人类非物质文化遗产
书法：浪漫书风，气势恢宏
绘画：十七世纪的中国绘画独步全球
文学：众声喧哗，抒写性灵

文化与生活

人生哲理：劝善·积德
养生之道：简单·乐活
生活品味：品茶·焚香
才女艺伎：才情·侠义

第一篇 | 中西交流与全球化

中华之伟盛，
除未奉天主，
实无敌于世……
中华非一国也，
乃一天下也……
柏拉图乌托邦，
实存于中土乎！

——利玛窦

白银帝国,文明的黄金时代

我曾拜读樊树志教授的大作《晚明史》,并有机会到复旦大学拜访他。他认为晚明时期,中国在全球经济中占有重要地位,并且提出一个重要概念:"中国全球化的起点在明朝。"晚明时期,欧亚各地的商人都前来中国贸易。由于中国精致的丝绸、高品质的瓷器占有技术优势,深获西方人喜爱,热销全世界,造成大量的贸易顺差。欧洲人将在美洲开采的白银拿来与中国交换货物,日本也拿自产的白银与明朝贸易。全球的白银大量流向中国,有学者形容当时的中国,就像一个"银窖"。明代小说《金瓶梅》中描写当时上酒馆所需的花费:一坛金华酒,两只烧鸭,两只鸡,一只猪蹄,一些鱼、一些点心,满满一桌丰盛的酒菜,合计"一两五钱银子",换算为人民币约七八百元。这间接证明了当时物价低,人们的生活过得挺不错。中国白银的产量不多,但明朝后期人们却用银两购物,这也是对外贸易赚得的白银太多,致使明朝采用银本位制。

明朝中国堪称世界精品工厂,当时的欧洲贵族们,家里若没有摆放一些中国瓷器,或是婚嫁时没有瓷器拿出来招待客人,就显得品味不够高,因此上流社会争相购买中国瓷器。外销至世界的不只瓷器,中国茶也在欧洲大为流行,英国人因为受到中国茶文化的影响,后来在十九世纪出现了下午茶(Afternoon tea)的优雅习惯。欧洲迷恋明代文化的程度远超过唐宋,如同英国知名艺术评论家乔纳森·琼斯(Jonathan Jones)所评论的:"'明'(Ming Style)在西方已经成为一个认同率很高的品牌,成为中华文明黄金时代的一个缩写。"

对欧洲启蒙运动的影响

2015年,我在中正纪念堂的"万历万象"展场中,遇到一个意大利的家庭,正好来自传教士利玛窦的家乡。他们纠正了我对利玛窦姓名的读音,并且对利玛窦的事迹相当熟悉。他们说,至今当地人都奉利玛窦为伟人，非常崇敬他。他们的小儿子现正在台湾大学求学，虽然不像利玛窦以传教为目的，但他们漂洋过海来到东亚交流的情形却与之有相同之处。

明代郑和远航西洋，他绘制的全球航线图，启发了西方的海上探险，这便是全球化的开端。全球化肇端于十四世纪初，随后葡萄牙、西班牙建立全球海上航路。直至十六世纪末，西方传教士来中国传教。意大利人利玛窦精通中文，撰写了许多论文与译著，向中国知识分子介绍西方文艺复兴后的欧洲文化，也将西方的科学教授给中国士人。他带来的世界地图成为万历皇帝寝室中的屏风，自鸣钟也让皇帝爱不释手。利玛窦也扮演了中西文化的桥梁角色，他通过书信、回忆录以及翻译中国的经典"四书""五经"，使中国的思想文化传播到欧洲。他是第一位阅读中国文学并研究中国典籍的西方学者，人们尊奉他为汉学家的始祖。

十七、十八世纪时，中国悠久的历史、儒家的道德哲学、道家的生活智慧，以及汉语的结构与意义，都进入了西方人的视野，并成了他们模仿的对象以及创作的灵感来源。启蒙主义者对于中国人文精神里没有上帝、而是以孔子为尊的观点十分向往，而这影响了十八世纪西方的启蒙运动。十七世纪德国的科学天才莱布尼茨，在意大利游玩时结识了曾被派遣到中国的传教士，对中国产生了浓厚兴趣。他在去世前数月，完成了一篇讨论中国自然神学的文章，他如此评价中国："中国是一个大国，它在版图上不次于文明的欧洲，并且在人数上和国家的治理上远胜于文明的欧洲。中国有极其令人赞佩的道德。"法国启蒙思想的领袖伏尔泰（Voltaire，1694—1778）说，中国文化是"新的精神和物质的世界"。他欣赏中国的政治体制与道德领袖孔子，他认为中国人了解深刻、致力完善的东西是道德和法律。中国可以作为欧洲的榜样，孔子更可以作为欧洲人的思想导师。在道德上，欧洲人应当成为中国人的徒弟。中国人与自然和谐共存的态度影响了英国的自然神论，推动了启蒙运动的开展。

中西文化的频繁交流

除了商品和资金的流通，还有人才大量东来，带来西方的科技、哲学、宗教思想，中西文化与艺术碰撞出美丽的火花。有学者归纳西方人眼中的中国：传教士引进了社会性的中国，伏尔泰等学者重视哲学性的中国，还有通过工艺及丝织品进入欧洲人视觉与触觉的感性的中国。初来乍到的传教士们，惊讶这片没有上帝治理的土地如此丰饶美好，并感叹乌托邦的世界竟然就在明代。中国自宋元以来就是科技大国，但晚明的科技成就最为亮眼。当时人对科学的兴趣浓厚，王徵年轻时就是发明家，喜欢制作有益民生的工具，人称"小诸葛亮"。他早年笃信佛教，后来受洗成为天主教徒，得以接触大量西学书籍。王徵整理出版了《远西奇器图说》，介绍西方的力学与机械。借由书名中的远西（遥远的西方）可以知道，在当时人的观念里，世界的中心在东方，至到十九世纪后，才变成远东（遥远的东方）。

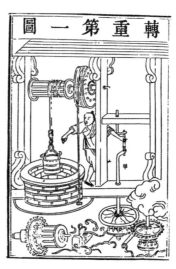

早在近四百年前，像《远西奇器图说》这样专业的机械工程书就已被译介来华。
左图：
意大利原本，
1588年出版。
右图：
王徵翻译编绘，
1627年出版。

卜弥格是将中医学
传至西方的第一人。

在思想交流方面，传教士来到中国传播天主教，金尼阁携带七千册西文书籍漂洋过海而来（今存四百多册）。中国的儒家经典也被翻译为拉丁文在欧洲出版，影响了十八世纪的启蒙运动。农作物与植物的传播在东西文化交流中也扮演了重要角色。葡萄牙、西班牙商人将美洲的作物如甘薯、玉米、辣椒等传入中国，徐光启看中了甘薯耐旱抗寒、生命力旺盛的特性，在家中开辟实验农场，亲自种植，并且向皇帝上疏，主张推广甘薯为救荒作物，拯救了战乱时无数的家庭。

此外，中国的医学知识也通过传教士传至欧洲。波兰籍传教士卜弥格（Michel Boym，1612—1659）于南明弘光元年（1645）来到中国，在明朝覆亡之际带着永历帝嫡母王太后和司礼太监庞天寿写给罗马教皇的信件赴欧洲求援。最后教廷并没有出兵援救，卜弥格回到中国，病逝于广西边境。卜弥格的成就是不朽的，他出身于医学世家，对医学知识从小就耳濡目染。在中国生活时，他实地探访中国医生的治疗情况，记录了大量第一手资料。他撰写的《中国植物志》是第一部欧洲人介绍东方动植物的著作。他还编著了《中国医药概说》《中国处方大全》，这些

卜弥格的《中国植物志》
出版于1656年，
是欧洲最早实地记录
中国动植物的书籍。

是最早将中医介绍到西方的著作，书中附有人体经络图，并列举了大量中国药物，对中医的脉诊技术更是大为推崇。可以说，十七世纪的欧洲人通过卜弥格，对中国的医药、动植物和矿物有了全面了解。

西学东渐：科学思想的引介

在中国历史上有两次大规模的西学东渐，即西方学术思想传播到中国，第一次是在明末至清初这段时期。明朝万历年间，西方的传教士陆续从欧洲来到中国，在传播天主教教义之余，也引介了许多西方的科学技术和学术思想，其中最有名的就是利玛窦。当时对中国的影响主要在天文学、数学和地图学方面。利玛窦于万历三十三年（1605）所辑著的《乾坤体义》，被清代《四库全书》的编纂者称为"西学传入中国之始"，即可见其重要性。

除了天文学、数学和地图学以外，科学家王征与传教士邓玉函共同翻译了《远西奇器图说》，这是一部图解机械学的著作。而徐光启在改革明朝军事上的努力，都靠着其弟子孙元化来实践。孙元化向徐光启学习数学和西洋的火炮知识。他后来担任兵部司务，随着辽东经略孙承宗督理边务，协助袁崇焕驻守宁远。

学者黄一农认为，西学和西教在明末的影响力是通过奉教士大夫的人际网络在知识界传播开来。利玛窦之所以能够成功地进入中国主流社会，为士大夫与皇室所接受，除了自身的聪慧和学养外，还要归功于几个很有智慧与先见的政府官员，如帮助他在南京落脚的王弘诲、为他开启北京大门的祝世禄、把徐光启介绍给他认识的焦竑，还有在他过世后为他向皇帝请求赐葬于北京的首辅叶向高。

明末传教士来华的主要目的——传播天主教，也在利玛窦科学传教的策略之下部分实现，天主教得到部分中国士大夫的接受。利玛窦在《天主实义》一书中提出"天儒合一论"，将天主教义与儒学融合，以寻求华夏传统的认同。徐光启、李之藻、杨廷筠等名臣被称为"圣教三柱石"。利玛窦与艾儒略等人能受到中国士人的敬重，是因为他们在还没影响中国知识分子以前，自己就先华化，并且开始了中西融合的进程。他们的国学涵养与人格，终被中国士人接受，最终成为其中的一分子。

梁启超在《中国近三百年学术史》中评价明末的历算学为"中国智识线和外国智识线第二次接触"（他认为晋唐间的佛学为第一次）。在西学东渐的新环境下，学界空气变换，之后有清一代的学者，对于历算学很有兴趣，而且喜谈经世致用之学，这很可能受到了利玛窦和徐光启等人的影响。

汉学东传：影响日本和朝鲜文化

早在唐代时，中日之间的文化交流与政治互动就很频繁。文学、艺术、宗教等各方面以及贸易往来都很发达，日本还派遣了许多留学僧来华，此时可说是中日文化交流史上第一次高潮。朝鲜与中国山水相连，两地自古以来互有往来，中朝交流更时常扮演中日交流的桥梁，许多文化都是先传至朝鲜，再传到日本。

现在流行的韩国古装剧中，可以看到其中的衣冠文物、礼乐法度，许多都遵照中国的形制。小孩子一满八岁，就教他《孝经》、"四书"。朝鲜人通过观察和记录，学习中国，改变自己国家的风俗。遭受丰臣秀吉武力侵略的朝鲜宣祖李昖也曾说道："中国，父母也；我国与日本同是外国也，如子也。以言其父母之予子，则我国，孝子也，日本，贼子也。"这段话看出当时朝鲜人对中国的倾慕和对日本的鄙弃。

明清易代之后，朝鲜人因为怀念明朝，除了外交文书，并不使用清朝的年号，还称清国皇帝为"胡皇"。使者来华的出使记录，在明朝时命名为《朝天录》，在清朝时则称《燕行录》，一个是说"去天朝出使"，一个是说"去燕京出使"，这两者大有不同。在明朝灭亡后约一百年的时间，整个朝鲜社会都还存在着敬慕明朝、蔑视清朝的观念。

讲到明朝时的日本，绝大多数人会想到"倭寇"一词。当时日本被称为"倭国"，十三世纪至十六世纪就有海盗活动于朝鲜及福建一带。当时中日之间经常爆发战争，嘉靖、万历年间，戚继光带领着戚家军扫平浙江、福建、广东的倭寇。万历二十年至二十六年（1592—1598），日本丰臣秀吉侵略朝鲜，万历皇帝派出军队抗倭援朝，中、日、朝三方使用多种兵器、船舰，进行了一场军事交锋。此外，僧侣与明朝遗民在中日文化交流史上的贡献也功不可没，僧侣弘法海外，将黄檗宗传到日本，也将其他技艺，如茶艺、陶艺、武术等传至海外。

中国全球化的起点在明朝

"全球化"这个词汇虽是当代定义，但其概念与影响在古代已经存在。来自欧洲与日本的白银影响了中国的经济与政治，而中国的各种商品进入了欧洲人的日常生活，哲学思想则影响了启蒙运动，这些事例都证明了晚明中国的开放性。我的好友卜正民是研究明史的专家，他在《塞尔登的中国地图》一书中研究一幅明代地图，认为这幅地图颠覆了人们对明朝"封闭保守"的看法，说明了"十七世纪初的中国人也会出国，

1602年，英国女王伊丽莎白一世写信给万历皇帝，希望能够加强两国之间的贸易往来。

此亲笔信原作保存在英国兰开夏历史学会（Lanca-shire Archives）。

信件内容节录

伟大的中国皇帝：

吾人认为：我西方诸国君王从相互贸易中所获得之利益，陛下及所有臣属陛下之人均可获得。此利益在于输出吾人富有之物及输入吾人所需之物。

吾人以为：我等天生为相互需要者，吾人必须互相帮助，吾人希望陛下能同意此点，而我臣民亦不能不作此类之尝试。

耶稣诞生后1602年，我王在位第四十四年，授于格林威治宫。伊丽莎白。

也会参与海上贸易，他们了解外面的世界"。明朝的中国一点儿也不封闭！这幅地图证明了，区域性的贸易网络当时已通过欧洲的船队将东方与西方联系在一起，欧洲船队来到中国海域贸易后，便完成了全球化的网络。

万历年间的全球化，以贸易为开端。当时的英国女王伊丽莎白一世就曾写信给万历皇帝，希望加强两国之间的贸易往来。那时还没有苏伊士运河，要寄信到中国必须乘船沿非洲西海岸南下，绕过好望角，穿过印度洋。当时的信使在途中遭遇船难，信件也沉入大西洋。1978年，信件被打捞起来，成为明朝名扬海外的历史见证。1986年，英国女王伊丽莎白二世访问中国，将伊丽莎白一世的信件复制品送给了中国代表。相隔390年，这封信件终于寄到了中国。

万历年间，社会上各方面都发生了剧变，樊树志教授称之为"晚明大变局"。中国并没有错过全球化，中国的商业、工业、知识界都吹进了新的风气，打开了视野。我想通过真实存在过的明朝人物，通过重探他们的生平言行，凝视他们的墨迹手稿，以尊崇敬重的心，告诉后代子孙：我们的祖先非常优秀，我们的身上有他们的DNA。"明朝"在西方人的心目中代表了珍贵、美丽，是富有创造性的时代，我也最喜欢晚明的生活品味与文化氛围。我诚挚地希望，传教士们称赞中国人"富而好礼""谦逊""极其清洁"的明代文化，能够传之永久。

万历皇帝及与其有交集的
世界级名人

万历皇帝
（1563—1620）

明神宗朱翊钧，年号万历，十岁登
基，在位四十八年，是明朝在位时间
最长的皇帝。万历前期有帝师张居
正进行改革，社会经济各方面都有发
展，对外战争也都取得胜利，国势呈
现中兴气象。万历后期，皇帝数十年
不上朝，但国家有内阁持续运作，文
治武功堪称鼎盛。

女王伊丽莎白一世
（Elizabeth I，1533—1603）

1602年，英国女王伊丽莎白一世曾
写一封亲笔信给万历皇帝，表示希望
英中两国能够加强贸易往来。这封信
随着使者遭遇船难而沉入大海，却在
三百多年后被打捞起来，由英国女王
伊丽莎白二世送到了中国。

西斯都五世

（Sixtus V，1520—1590）

1590年，利玛窦与罗明坚神父为教宗西斯都五世起草一封给万历皇帝的信，希望他能准允传教士在中国传播天主教。教宗也同意利玛窦的要求，准许中国的天主教徒祭祖、祭孔。而这打破了天主教的惯例。

利玛窦

（Matteo Ricci，1552—1610）

明神宗万历十一年（1583）来到中国居住，受到中国士大夫的尊敬，人称"泰西儒士"。万历二十九年（1601）来到北京，进呈自鸣钟、《圣经》《坤舆万国全图》、大西洋琴等物，得到万历皇帝的信任。他是最成功的传教士，也是译介中西文书籍最重要的汉学家。

丰臣秀吉

（1537—1598）

日本关白。1592年，丰臣秀吉派兵二十万侵略朝鲜，即万历朝鲜之役。他两次侵略朝鲜都被明朝联军打败，因此抑郁而死，他的后代也失去了摄政权。

利玛窦

第一位获得万历皇帝赐葬北京的传教士

万历十年（1582），利玛窦经罗明坚神父推荐，由澳门进入内地传教。他在澳门努力学习中文，钻研中文书籍，并换穿汉服儒袍。他先后到过广东的广州、肇庆、韶州，江西的南昌，以及江苏的南京，之后长住北京。

利玛窦传教最成功之处，在于他的道德学问极高，受到知识分子尊敬。此外，他向士大夫传播天主教，而非普罗大众，以避免引起朝廷的疑虑。利玛窦能够用"四书""五经"解说天主教教义，也对中国传统文化有深刻的了解，因此他容许中国教徒祭天、祭祖、祭孔。除了传

利玛窦
（1552—1610），
意大利籍耶稣会传教士，
生于嘉靖三十一年，
卒于万历三十八年。

于1615年出版的利玛窦《中国札记》在欧洲是一本畅销书，是欧洲人了解中国非常重要的参考书。

教之外，他还广交中国官员和社会名流，传播西方天文、数学、地理等科学知识。利玛窦的记忆力非常好，许多中国人都想向他学习，因此他用汉语写了一本《西国记法》来介绍他的记忆方法。

利玛窦将他在中国的所见所闻写成了《中国札记》，详细记载了万历年间中国的人文风俗。他认为，除了还没有沐浴神圣的天主教信仰之外，中国的伟大乃是举世无双的。而且他还发现中国人非常博学，医学、自然科学、数学、天文学都十分精通。他也对中国社会赞不绝口："中国，这个上帝光辉没有照耀的地方，竟然被治理得这么好。国民风度翩翩，谈吐文雅，彬彬有礼。柏拉图的乌托邦，在这里是真实存在的。"

利玛窦博学多闻，一个外国人的名气如此之大，在当时的社会中是非常特殊的现象。他每天忙着接待从各地来访的客人，不管是朋友还是素不相识的人来信询问天主教义，或是请他解释著作当中的疑问，他都不厌其烦地一一回信作答。无论多忙，利玛窦仍然抽空指导其他神父及教士，神父们佩服他做事情极有效率，而且没有一件事是他做不来的。但利玛窦也因此累坏了，最终病逝于北京。

利玛窦、徐光启合译的《几何原本》，带领中国知识分子接触西方几何学，此书是最早将西方数学观念介绍给中国知识界的名著。江西文人徐世溥曾谈到晚明多元的艺术与文化，特别称许徐光启和利玛窦在历法上的成就。历法对古代中国而言极为重要，可见利玛窦对中国文化的贡献极大。

祝世禄

利玛窦的重要赞助人

祝世禄
（1539—1610），
字延之，号无功，
江西德兴人，
生于嘉靖十八年，
卒于万历三十八年。

　　我在读史的过程中发现，明代中晚期的阳明学者受到实学思潮的影响，在为官任事上普遍有很强的实干能力，其中祝世禄就是这样一个典型。他曾倾力帮助利玛窦前往北京，利玛窦在《中国札记》中写道，祝世禄是当时神父们传教事业的支持者当中，对他们帮助最大的人。

　　祝世禄，嘉靖四十三年（1564）举于乡，当时的名儒焦竑对他很欣赏。万历十七年（1589）登进士，初任休宁县令，主张"衙门外宽一分，则民受一分之赐；衙门内严一分，则民受一分之赐"。宽以待民，严以待己是祝世禄的为政之道，他说过，"宁得罪于诸大夫，无得罪于群黎百姓"。显然重视百姓的福祉，胜于上位者要求的政绩。

　　祝世禄任南京吏科给事中时，西方传教士利玛窦在当地得到他许多关照。根据《中国札记》，我们可以知道，祝世禄对利玛窦的协助起码有两件事：首先是保管"贡物"，其次是为利玛窦进京保驾护航。祝世禄帮利玛窦保管十字架、圣像、三棱镜等贡物，点起了长明灯，将之奉为神物。利玛窦第一次进京失败后，于万历二十八年（1600）准备再次尝试进京。当时祝世禄正好要派遣一支

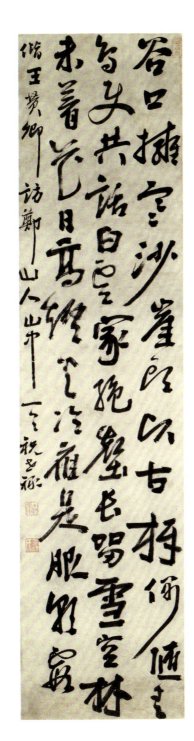

祝世禄《偕王黄卿访郑山人山中》,
祝世禄是"金陵十忙"中的"写字忙",
他是传教士利玛窦的重要赞助人。

船队入京进贡丝绸,于是把利玛窦介绍给主事的太监,并给了太监一大笔钱,保证利玛窦在整个旅程中都能得到最好的待遇,且托付他到北京后把利玛窦介绍给最有势力的宦官。临行前,祝世禄还作了《赠利玛窦》四首诗为他送行,并开立"官照"以保证沿路的安全。

万历三十二年(1604),祝世禄升南京尚宝司卿,不久后就恳请退休。当时,耿定向辞官归隐于浙江天台,并在那里授徒讲学。祝世禄辞官后也前往学习,成为耿门高足,并讲学东南。他的学术宗王守仁、王畿心学,纯以佛教思想融合儒学,主张以空无为宗。他又宗耿定向学术,另有"身在心中"的创见,大为黄宗羲所激赏。《明儒学案》将祝世禄列入"泰州学案"。

祝世禄不仅是个忙碌的政府官员,还是位知名的书法家,常忙于书法应酬活动。莆田人姚旅的《露书》提到"金陵十忙",其中就有"祝世禄写字忙"。他的好友利玛窦在札记里也有记载,说他写几个字就能卖高价,可见祝世禄在繁忙公务之余写书法,为他带来了崇高的地位与丰厚的收入。

焦竑

介绍利玛窦认识李贽与徐光启

焦竑
（1540—1620），
江苏南京人，
生于嘉靖十九年，
卒于泰昌元年。
授翰林院编修。

　　焦竑为万历十七年（1589）状元，在担任太子讲官时，为皇太子编写了一本《养正图解》，搜集历朝培养储君的方法，并请著名画家丁云鹏画插图。

　　万历二十五年（1597），他任乡试主考官时，读到落榜考生徐光启的考卷，大为佩服，认为此人将来必是一位大儒，决定将他提拔为第一。焦竑个性耿直，得罪了不少政要，被贬官为福宁州同知，一年后辞官归家。万历二十八年（1600），徐光启前往南京拜访恩师焦竑，在焦竑家中结识利玛窦，后来两人合译《几何原本》，贡献至大。焦竑又将徐光启推荐给自己的同年——登莱巡抚袁可立，使徐光启在兵器方面的才能有了用武之地。

　　焦竑与思想家李贽过从甚密。万历二十七年（1599），李贽在徐光启引荐下结识了利玛窦，两人都以开放的心态接触西学。焦竑还协助李贽编辑文集，给予他很高的评价，并在李贽过世后重新印行《焚书》《续焚书》。黄宗羲曾评论焦竑说："藏书数万卷，遍读群书。南京是士人聚集之地，焦先生主持文坛，士人都像水往洞里奔流般聚集而来。焦竑倡导的是理学，这点连王世贞也不如他！"利玛窦也在《中国札记》中说焦竑是南京城内显贵的公民，因为他中过状元。焦竑素来有中国三教（儒、释、道）领袖的声誉，且威信很高。

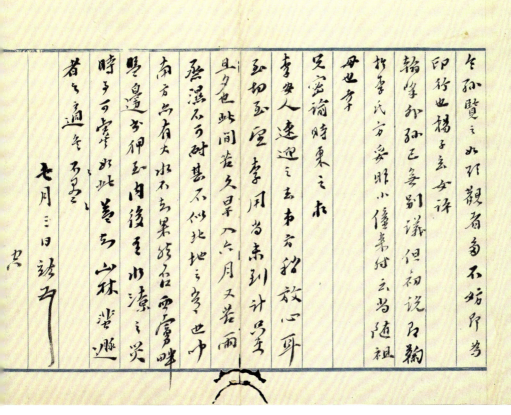

焦竑《与某人书》。
信文中表达了对时事的忧心。
焦竑介绍徐光启与李贽给利玛窦认识，
促进了中西文化交流。

王弘诲

带利玛窦进入北京的礼部尚书

王弘诲在考试、当官的过程中，体会到考生从海南到雷州考试的辛苦，特请朝廷在海南设立考场，方便学子。退休后，他在家乡造桥铺路，并拿出大量积蓄，在家乡盖了藏经库（图书馆），创办尚友书院；曾当过太子老师的他，还亲自授课。王弘诲七十五岁时病故，死讯传到定安城里，许多店家罢市以表哀悼之意，可见他在家乡所做的公益，深植民心。

王弘诲在任翰林院庶吉士时，因仰慕同乡名臣海瑞而与他交往。海瑞因罪下狱，入狱前带钱到王弘诲住处并托遗言，若不幸丧命，帮他将遗体送回老家安葬。王弘诲四处奔走想营救海瑞，也常去探监，替他找医生看病，直至海瑞出狱。他为了公义不畏强权压迫，曾写两篇文章讽刺掌权的张居正。

万历十九年（1591），他辞官回乡，途中遇到了正在广州传教的利玛窦，两人一见如故，相谈甚欢，成为好朋友。七年后他官复原职，前往南京时经过韶州，与利玛窦、郭居静两位传教士会面，并带利玛窦到南京。利玛窦刚到南京时并不顺利，当时朝廷正在助朝鲜抗倭，又不巧

王弘诲《题白雪山房诗》。此诗是为白雪山房主人李言恭而作。王弘诲是海瑞的同乡好友，他以尚书的身份帮助利玛窦进入北京。

王弘诲
(1542—1615),
琼州定安人,
生于嘉靖二十一年,
卒于万历四十三年。
嘉靖四十四年
(1565) 进士,
授翰林院庶吉士,
官至南京礼部尚书。

碰到当地刚捕获日本奸细,朝廷对外国人很敏感,利玛窦只能暂住在船上。因为有王弘诲庇护,其他官员并没有对利玛窦不利。王弘诲以进贡自鸣钟、三棱镜等礼物为由,带利玛窦前往北京,可惜当时还在抗倭,情势紧张,没有顺利见到万历皇帝,待了一阵子又回到南京。抗倭结束后,南京对外国人不再过度防备,利玛窦也通过王弘诲的引介,在南京结识了很多官员和朋友,得以顺利买房、传教。王弘诲可说是利玛窦的贵人。

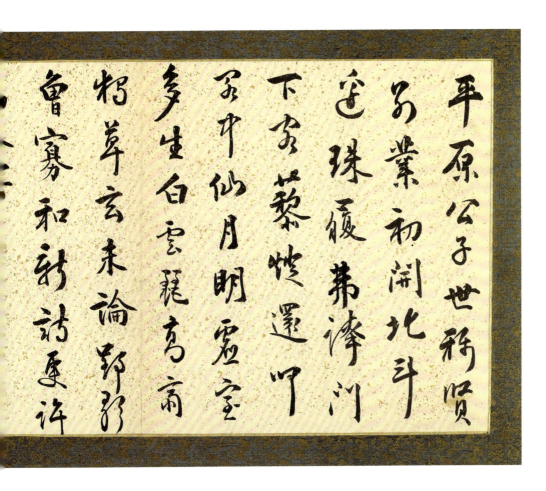

徐光启

在台湾，徐光启给人的联想来自于"光启社"与"徐汇中学"。其实，这个名字代表的是中西文化交流的一段辉煌历史。

万历二十九年（1601），三十八岁的徐光启到了南京，在老师焦竑家中见到仰慕已久的利玛窦神父。两人初次见面就谈得非常投机，他评价利玛窦为"海内博物通达君子"。他在这次会面中也首次听利玛窦谈到欧几里德的数学名作《几何原本》，因此拜他为师学习数学。万历三十一年（1603），徐光启在南京受洗，隔年考上了进士。徐光启在翰林院工作之余，投入翻译《几何原本》的工作，当年所译的专有名词，例如点、线、面、直角、锐角、钝角、平行线等，至今仍被沿用。

徐光启曾对利玛窦说："一物不知，儒者之耻。"因此他用毕生心力学习各种知识。徐光启精通历学、天文学、数学、水利学、农学、军事学各专业，在亲自实践之后也写出了大量著作。例如，为了试种输入的新品种作物，他在上海家中（今徐家汇一带）开辟了实验农田。万历三十六年（1608）江南水患，徐光启试种甘薯大获成功。他破除了"风土不宜"的保守观念，写了《甘薯疏》向朝廷介绍甘薯的十三种优点。万历四十一年（1613），为解决南稻北运的耗费，他在天津南部开辟八百亩的实验园区，尝试在北方种稻，并栽种新品种花草、药草等作物，

徐光启（1562—1633），字子先，号玄扈，教名保禄，上海人，生于嘉靖四十一年，卒于崇祯六年。

徐光启《题琴鹤高风诗》。为上海名贤六万言《琴鹤高风册》而作。新北市徐汇中学、光启社、上海徐家汇，这些名字都因徐光启而起。

进行施肥、接种等科学实验。流传至今的农业百科全书《农政全书》，就是徐光启毕生实践的心血结晶。

在崇祯皇帝之前，明朝使用的历书承袭元朝的《授时历》，这部历书已经使用了三百多年，误差很大。崇祯二年（1629），徐光启建议改历，皇帝因此开设历局，委命徐光启编修历书。精通西洋历学，也会制造天文仪器的徐光启，将西方的天文学知识结合中国传统历法，编修新历，使一般民众都能了解并使用历学。他在病榻上，还手捧历书稿本校对，可谓鞠躬尽瘁。我们今日所使用的历法，正是以《崇祯历书》为基础所修订的，从清初沿用至今。

徐光启从接受西学的经验中体悟到，科学的传扬与发展能提升国家竞争力，因此产生"欲求超胜，必先会通"与"分曹"的理念。所谓"超胜"，就是通过西学的翻译与国人的研发，达到与西方并驾甚至超越的目的；"分曹"则是分科发展，再进行学科整合。徐光启曾经向崇祯皇帝提出"度数旁通十事"，建议在历局内开展以数学为根本，旁及气象、水利、军事、地理、医学、会计、建筑、音乐等分科研究，这样的理念实际上相当于构建明朝国家科学院了。

徐光启讲求变通、融会中西的学术精神，被学者们称为"中西文化会通第一人"。

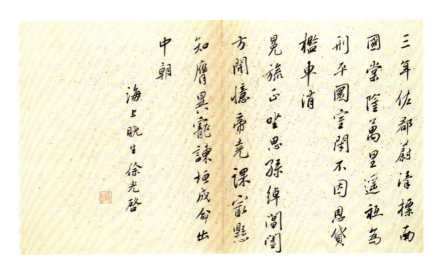

陈元赟

日本"起倒流"柔道创始者

陈元赟十八岁时科举落榜，从此浪迹天涯，以读书、作文、写字、绘画自娱。他为了生活，也学过烧陶等技艺和日语。二十七岁时，更到河南少林寺学武术。万历四十七年（1619），他渡海到日本长崎，此后一直寓居日本。明朝灭亡后，他决心留在日本生活，并娶了日本妻子，生了一个儿子。最后病逝于名古屋。

陈元赟（1587—1671），浙江杭州人，生于万历十五年，卒于康熙十年。

陈元赟《承御命赋淡霞梅一章》。陈元赟是日本"起倒流"柔道的创始人，他曾谒见江户幕府第三代将军德川家光，此诗即为奉将军之命所作。

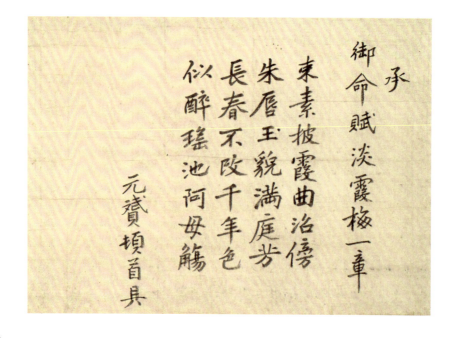

陈元赟住在江户的寺庙，教授寺中僧侣少林武功。后来他的徒弟们融合当时陈元赟所传授的武术，创立了日本著名的"起倒流"柔道。陈元赟还将烧制陶器的技术带到日本，被称为"元赟烧"。

除了武术及陶艺，他还传播公安派的文学主张。陈元赟与日本高僧元政上人为忘年之交，陈元赟年长元政三十六岁，因两人都喜爱袁宏道的诗文，故有许多仿作与诗歌唱和。他们共同编纂的《元元唱和集》，是日本第一部公安派诗人的合集，对传播公安派文学观念有很大的作用。陈元赟还在日本广泛行医，他的医术深受日本人推崇。他虽身居异乡，却不忘祖国，时常以"大明武林人"自称，是对日传播中国文化及崇扬气节的重要人物。

隐元隆琦

后水尾太上天皇的皈依师父

隐元隆琦（1592—1673），俗姓林，福建福清人，生于万历二十年，卒于康熙十二年。

我去年到日本京都万福寺参观，买了寺中的佛经，我发现它汉字旁的日文注音竟是用中文读音，这在日本佛寺中是独一无二的。现在寺庙住持虽然早已改由日本人担任，但寺中的行事规范仍保留较多福建黄檗宗的样貌。日本黄檗宗以万福寺为大本山，之后开枝散叶，在日本各地有五百余寺。

明末清初，福建沿海地区与日本商业往来渐多，留住日本长崎的中国商人逐次建立兴福寺、福济寺、崇福寺等

"唐三寺"，招请福建福清黄檗山万福寺的住持隐元隆琦东渡弘法。

隐元隆琦于泰昌元年（1620）在福建黄檗山万福寺出家，三十三岁赴金粟山（位于今浙江海盐）随密云圆悟参禅，之后继费隐通容为万福寺住持，使黄檗山寺迅速发展，名震东南沿海。

顺治十一年（1654），六十三岁高龄的隐元隆琦带着二十多位弟子，搭乘郑成功的船舰到达长崎，"唐三寺"僧众竞相延请说法，崇尚明代禅宗新风气和隐元隆琦高德的日本佛教信徒云集而来。德川幕府四代将军德川家纲、后水尾天皇都于此时皈依佛门，德川家纲选定山城国太和田（今京都宇治），赐地十万坪给隐元隆琦建寺，并于日本后治天皇万治四年（1660）开工，四年后完成，名为"黄檗山万福寺"。后即以此寺为传禅基地，形成日本黄檗宗。

日本宽文四年（1664），隐元隆琦将住持位子传给弟子木庵性瑫，退隐于松隐堂专心著述。宽文十三年（1673）病逝，后水尾太上天皇赐号"大光普照国师"。嗣法弟子二十三人，其中木庵性瑫、即非如一专精书法，与隐元隆琦并称"黄檗三笔"。

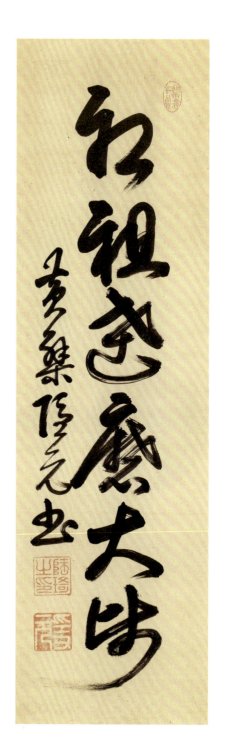

隐元隆琦《初祖达摩大师》。隐元隆琦对日本佛教界影响很大，后水尾天皇皈依他，德川家纲更赐予宇治的土地让他建寺。

日本万福寺的经书（作者提供），汉字用日文注音、中文读音。

　　隐元隆琦在日本的影响非常大，以后水尾天皇为首的贵族、幕府人士，以及各地的商人相继皈依黄檗宗，更发展出包含书法、茶道、建筑、饮食、文学、雕塑等多元面向的"黄檗文化"。

　　隐元隆琦所著《黄檗清规》，也成为日本禅宗清规改革修正的参考依据，给长期处于锁国政策下、力图摆脱形式化束缚的日本佛教，带来新的活力。隐元隆琦将菜豆、扁豆东传，日本人现在食用的豆类就有"隐元豆"。盛行于明代的煎茶，也由隐元隆琦传入日本发展为"煎茶道"，成为品茶文化的重要形式。隐元隆琦在福建时，即与书法家张瑞图友善，日后张瑞图书法于日本书坛受到欢迎，正是通过隐元隆琦的传播。

独立性易

将种痘术传至日本

独立性易是明末清初名医、黄檗宗僧人，也是著名书家。他少年时是儒生，博学能诗，还擅长写篆书和隶书，之后又从学于杭州龚廷贤，龚氏曾任太医院医官，独立性易向他学习医术，并对《素问》《难经》等医学名著有深入的研究。顺治二年（1645），南明弘光政权覆亡后，乃改名笠，以行医为生，活动于浙江桐乡、苏州吴江一带，与顾炎武等人参加"惊隐诗社"，以诗文抒写明亡之痛。

明亡后，独立性易与家人远走他乡，行医糊口。顺治十年（1653），他东渡长崎，时年五十八岁。数个月后，他结识了同样住在长崎汉医颍川入德家的朱舜水，二人共同生活了六个多月。著名的儒者安东省庵是颍川入德的病人，而颍川入德也是高僧隐元隆琦的赞助者。隐元隆琦于顺治十一年（1654）东渡日本，独立性易皈依隐元禅师，剃发出家，法名性易，字独立，改号为"天外一闲人"。独立性易自己形容他和朱舜水、安东省庵的相识是"千载

独立性易（1596—1672），浙江仁和（今杭州）人，原名观胤，后易名笠，字子辰，号曼公，清初东渡日本后，以独立性易名世。

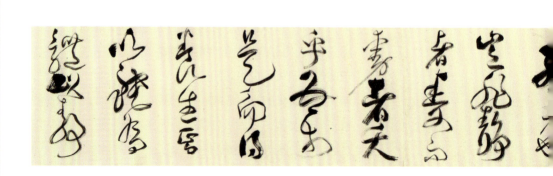

一会"，对独立性易与朱舜水的人生都有重大的影响。在寓居长崎时，独立性易曾致书朱舜水，劝他出家。朱舜水说，现在中国普天之下百姓都剃了头，此事大不可草率为之，其认为出家人剃度和清朝剃发之制非常类似，因而拒绝。独立性易在七十七岁病危之时，致书朱舜水，文中提到"旧雨今雨，声同听同……今复寄声，不忘旧雨"，感念二人之间十九年的友谊。

独立性易在日本剃度出家后，跟随隐元和尚到摄津普门寺，司掌书记之职，之后去江户，挂锡各寺。六十九岁那年，即非和尚在创建福聚寺时，独立性易也曾前往协助劝化。这期间他除了弘传黄檗宗外，常以医术济世，远近皆视其为神医。他对诗文、翰墨、篆刻无一不精，亦僧亦儒，颇为时人所推崇。独立性易在赴日之前即为明末知名学者、书法家，在黄檗宗僧人中尤以擅书著名。他的草书绝妙，书风与明末主流的书派不同，属于僧侣之书，被日本文人称为"黄檗作品"，并且将他的书法悬挂于煎茶席中。当时的知名书家深见玄岱、池田嵩山都是他的弟子，他对日本的书道文化有深远的影响。

独立性易曾说自己的医学修养是亲得龚廷贤真传，他不只研读医书，更研究医学三十余年。他行医的原则是临机应变，正如他自己说的："术同道广，治不视方，济人及物，内外本行。"独立性易最擅长痘科，日本医学史上对其评价极高。当时长崎一带流行痘疮（天花），独立性易将治痘法与种痘法教给北山友松，并且培养出名医池田正直。日本医学史记载，独立性易所著的种痘书籍有九种之多。在江户末期，全日本著录的痘科书共计八十三种，而署名独立性易及其弟子池田正直的医书竟达四十一种之多。

自1653年东渡日本，到1672年逝世，将近二十年的时间，独立性易以儒、释、

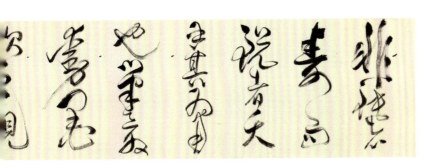

独立性易《养生铭》。相传独立性易精通医术，并将种痘法传至日本，有许多流传在民间的医书都托名为他所作。

道、医的身份，在中日文化交流史上留下了宝贵的文化资产。日本史专家徐兴庆教授说，独立性易一生困顿，颠沛流离，由于情势所逼，在儒、释、道、医之间游走，他的人生充满了不断突破瓶颈、在逆境中寻求新天地的努力。

朱舜水

日本"孔夫子"　传拉面到日本

我曾听台湾大学徐兴庆教授说，日本"三一一"大地震时，茨城县德川家族的墓园受到了损坏，但是朱舜水的墓却完好无缺。朱舜水是德川家族墓园中唯一的异邦人，待遇之高，可见一斑。他还被尊为日本"孔夫子"。我最近阅读冲方丁撰写的《光圀传》，书里描绘了一段朱舜水制作拉面和饺子给光圀吃的情节，原来德川光圀正是第一个吃拉面的日本人！

崇祯十七年（1644，即顺治元年），李自成率大军攻入北京，崇祯皇帝自缢，随即清兵入关，建立清朝。朱舜水虽不是明朝官员，却仍极力奔走，意图抗清，失败后逃到安南国滞留。安南国国王召见朱舜水，强迫他行跪拜之礼，朱舜水抵死不从。安南国国王利诱他做官，他上书坚辞，并说：我流亡到此地只是苟且偷生，没有其他的企图，皇天后土都可以作我的见证。大王虽不以我无礼（不跪拜）而杀我，却以召我做官伤害我的意志，这也等于杀害我。这表现了他士可杀不可辱的遗民心志。之后，朱舜

朱舜水（1600—1682），本名之瑜，号舜水，浙江余姚人，生于万历二十八年，卒于日本天和二年（康熙二十一年）。

水仍不死心，为了募集反清的资金，在沿海地区从事海上贸易，将所得款项用来支持南明鲁王和台湾的郑成功。他六十岁时甚至还参加了永历十三年（1659，顺治十六年）郑成功发起的南京攻略战。失败后，朱舜水担任郑成功的使者，转向日本求援。

同年冬，朱舜水来到日本长崎。次年，他在筑后国（今福冈县南部）柳川藩的学者安东省庵帮助下定居于此，结束流亡生活。日本宽文五年（1665，康熙四年）六月，常陆国（今茨城县）的水户藩藩主德川光圀*受到朱舜水德行的感召，力邀他治理藩政。朱舜水钦佩光圀将藩位让予侄儿的高风，接受邀请，于同年七月抵达江户，被聘为宾师（不居官而受到君主尊重的顾问职）。

水户德川家是德川氏支系，御三家之一。所谓御三家是指除了德川将军本家之外，拥有征夷大将军继承权的三大旁系，德川光圀的祖父是首代幕府将军德川家康的第十一子赖房。朱舜水注重大义名分、实学实功，且尊敬天皇的思想，对德川光圀有深刻的影响。德川光圀发愤编纂《大日本史》，发扬正统，是日本尊王攘夷思想的肇始，促成幕府末期倒幕运动兴起。末代幕府将军是水户藩德川庆喜，他以和平的方式将权力交还给天皇，史称"大政奉还"。

朱舜水一生身着明朝衣冠，志在恢复故国，此举受到日本人的尊敬。德川光圀送给他东京后乐园，朱舜水在其中建造明式园林。至今东京大学农学院内立有"朱舜水先生终焉之地"（朱舜水先生临终之地）的石碑。朱舜水之墓在历代水户藩主的墓地瑞龙山

冲方丁《光圀传》，台湾新雨出版社出版。

* 德川光圀就是日本电视剧中的水户黄门。

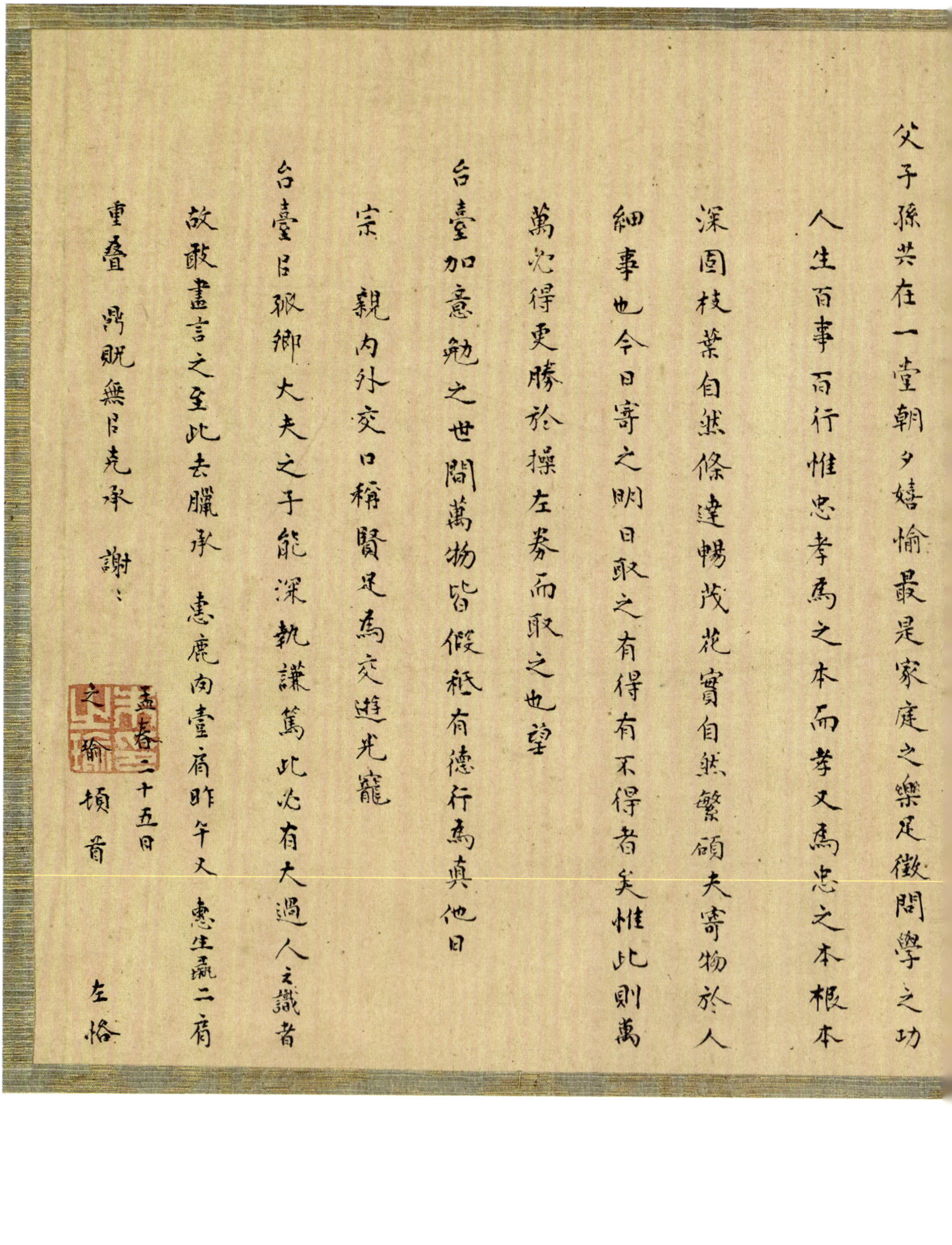

父子孫共在一堂朝夕嬉愉最是家庭之樂足徵問學之功

人生百事百行惟忠孝為之本而孝又為忠之本根本

深固枝葉自然條達暢茂花實自然繁碩夫寄物於人

細事也今日寄之明日取之有得有不得者矣惟此則萬

萬次得更勝於操左券而取之也望

台臺加意勉之世間萬物皆假祇有德行為真他日

宗　親內外交口稱賢足為交遊光寵

台臺呂耽鄉大夫之于能深執謙篤此必有大過人之識者

故敢盡言之至此去臘承　惠鹿肉臺府昨午大　惠生贏二肩

重疊　罔既無日克承　謝　

孟春二十五日

之愉頓首

左恪

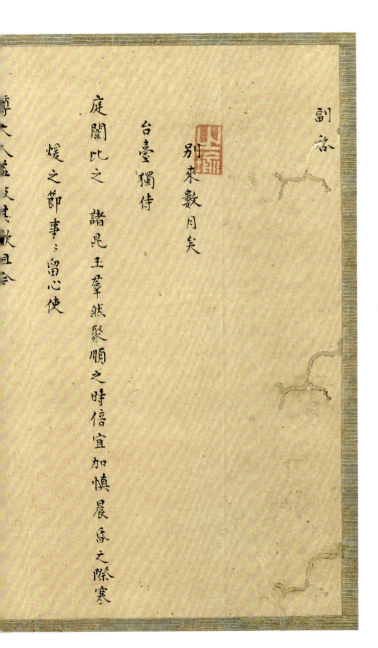

朱舜水《与德川光圀书》。朱舜水是水户黄门德川光圀的恩师，影响了日本历史与明治维新，他被安葬在德川家族的墓园，备受荣宠。

《与德川光圀书》

此信札未署收信人姓名，但由内文中指收信人"孤卿大夫之子"（"孤卿"相当于"纳言"之官级，为正三品，乃朱之瑜对水户藩主之尊称），推测收信人为德川光圀（1628—1701），其时任水户藩第二代藩主。信札中朱舜水谈及家庭之乐、学问之本，并以忠孝勉励德川一家，符合水户学的基本精神。信中之称谓用"台臺"，但信文充满长者劝勉之意，也颇符合朱舜水比德川光圀年长三十多岁，但德川贵为藩主的年龄、身份之别。

（今茨城县常陆太田市）。为了纪念他不忘故国，墓地特地建为明朝的式样。中日两国，通过频繁的交流，将中国传统文化的元素与精神传扬到东亚文化圈，我们应当珍视这些极富特色的文化资产，并且薪火相传，子孙永宝。

东皋心越

影响日本琴学

我有一次欣赏东皋心越的画作，发现上面竟有水户藩主德川光圀的题字，很是惊喜，经过研究，发现东皋心越在中日文化交流史上有重要的地位。2000年，日本水户市出资在浙江浦江建造东皋心越纪念堂，之后更出资建立纪念碑，以纪念东皋心越对中日文化交流的贡献。日本的琴道与篆刻文化，与明末高僧东皋心越有密切关系。东皋心越是第一位将中国古琴带至日本的僧人，而他的篆刻更开

东皋心越（1639－1695），俗姓蒋，字心越，法名兴俦，初名兆隐，号东皋，浙江浦江人，生于崇祯十二年，卒于康熙三十四年（日本元禄八年）。

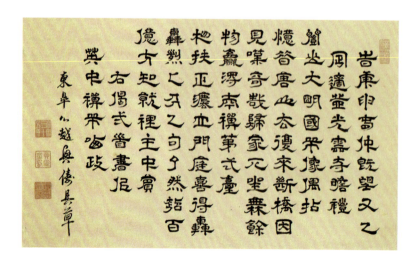

東皋心越
《詩偈二首》。

万历驾到

创了新的风气。东皋心越是明末清初曹洞宗第三十五世僧侣，他八岁时在苏州报恩寺剃发，二十岁时奉觉浪道盛为师，觉浪道盛圆寂之后，再跟随杭州显孝寺阔堂大文求法。

阔堂大文圆寂之后，东皋心越驻锡杭州永福寺。康熙十三年（1674），他参与吴三桂在浙闽一带的反清起事，最终失败。康熙十五年（1676），东皋心越正值三十七岁壮年，他应长崎兴福寺澄一道亮之邀，以杜多侸或越杜多的化名自杭州东渡日本。当时正逢日本"锁国令"，康熙十六年至十七年（1677—1678）东皋心越一直居住在长崎兴福寺。在这期间，他与黄檗宗木庵性瑫和尚书信往来，木庵和尚非常盼望能见他一面。康熙十八年（1679），德川光圀的使者、朱舜水的学生今井弘济与心越见面，表示德川光圀有意邀请东皋心越至江户。隔年，今井弘济便与东皋心越一同前往京都万福寺，请求木庵性瑫的协助，然而最后仍被迫返回长崎。之后东皋心越遭到诬告而下狱，被德川光圀救出，最后终于抵达江户，入住德川光圀的别墅。后因德川的护持，东皋心越移居天德寺，并将天德寺改名为祇园寺，开堂说法，其被尊为曹洞宗寿昌派开山祖师。

东皋心越曾向明末著名琴人庄蝶庵与褚虚舟学习古琴，东渡后开创了日本三百年的"琴道"。他以琴艺、书法和绘画与日本人交往。流亡东瀛之时，他带着国宝级的古琴五床赴日，其中有记载的是"虞舜""素王""万壑松"这三床，价值不菲。"虞舜"由德川家收藏，藤田东湖在其琴匣上作记，目前收藏在东京国立博物馆。他也带去许多著名的琴谱，如严澂编辑的《松弦馆琴谱》。著名的汉学家高罗佩曾撰写一本《琴道》，肯定了东皋心越对日本琴学的影响。《日本琴史》一书也评价："琴学盛于日本，实师（东皋）之功也。"东皋心越也留下一本《东皋琴谱》，为圆寂后弟子所编纂。他的四传弟子儿玉空空把东皋心越尊为日本琴学的发轫者。东皋心越的再传弟子小野田东川也为他宣传，许多著名琴人皆出其门下，弟子多达百人，盛况空前。

东皋心越的篆刻作品也为日本篆刻注入新气象，他的治印风格有不少取法于汉印。现在日本茨城县历史博物馆设有东皋心越的特别陈列室。

第二篇

政治与军事

自永乐爷九传至于万历爷，
此乃我朝第十一代的天子。
这位天子，
聪明神武，德福兼全，
十岁登基，在位四十八年，
削平了三处寇乱……
远夷莫不畏服，争来朝贡。
真个是：
一人有庆民安乐，
四海无虞国太平。

——冯梦龙《杜十娘怒沉百宝箱》

万历不上朝，文治武功表现出色

黄仁宇的《万历十五年》一书所描写的万历皇帝、张居正、李贽、戚继光、海瑞这些不合流俗、富有创造力的人物，用尽全力也无法打破社会的体制和成规，最终走向悲剧的命运，而整个朝代也呈现大厦将倾的局势。明朝给人政治黑暗、皇帝昏庸的刻板印象。直到我开始收藏研究明人的书法作品，在其中发现一位位令人景仰的大师，我的想法完全改变了。黄仁宇描写的是体制下挣扎的个人命运，我则想通过这些大师们的生命历程，来呈现明代万历盛世的图景及先贤事迹。

万历皇帝数十年不上朝，被批评是荒废朝政，进而导致明朝灭亡，我并不同意这样的看法。假若不看万历皇帝的"出勤记录"，我们要怎样评价他做得好不好呢？我认为应该看他的文治与武功。然而《明史·神宗本纪》记载："明之亡实亡于神宗。"清人赵翼《廿二史札记》也说："明之亡，不亡于崇祯而亡于万历。"这些话又是怎么回事呢？清人写明史有他们的政治立场和背景因素，不一定客观，更何况现今是大数据时代，若根据其他文献材料呈现的历史事实来评价，万历朝的文治与武功是可圈可点的。

会选将、善用人，屡战皆捷

大家耳熟能详的"万历三大征"，是明朝在西北、东北、西南边疆打赢的几场战役。但我认为除了这"三大征"，还有另外几场重要战役。

万历十一年（1583），邓子龙击退进犯云南的缅甸军队，直捣敌营，截断缅军粮道，活捉缅军首脑，收复了部分失地。宁夏的蒙古鞑靼部首领哱拜叛乱，全陕震动。李如松率军前往救援，组织敢死队，又掘河攻城，平定了宁夏。播州土司杨氏家族治理西南七百多年，万历年间，第二十九代土司杨应龙于西南叛乱，战火波及四川、贵州、湖广，牵连数百万人。郭子章临危受命，到任贵州巡抚后迅速组建黔军，平定乱事，

邓子龙手书"烹象处"之碑，在今云南省保山市，为万历十一年（1583）邓子龙大败缅军象阵，烹象犒赏军士的地方。

被称为"唐宋以来一大伟绩"。蒙古部族三次进犯青海，都被龙膺打得落花流水，史称"湟中三捷"。

以上边境的战事，敌方军力雄厚，但是这些明朝将领们都打了漂亮的胜仗，全是因为万历帝会选将，善用人。更为困难的是渡海深入敌区的战役。抗倭援朝之战爆发于日本国力最强的时候，明朝派出李如松、邓子龙、杨镐等经验丰富的大将，予日军迎头痛击，维持了东亚三百年的和平。沈有容击退劫掠台湾的"东番倭"，又以智勇谕退占据澎湖的荷兰人。当时荷兰东印度公司的军力也是顶尖的，但明朝的水军实力却让他们不敢小看，只能火速退出澎湖。海外战役的后勤补给很困难，但明军却能审时度势，屡战屡胜。抗倭援朝时，有袁了凡担任李如松的军前赞画，统筹后勤补给事宜，使明军没有后顾之忧，就是一个明证。万历皇帝与辽东督师熊廷弼更是相知相惜，熊廷弼一到任就把边境的情势稳定下来，还用"以夷攻夷"的方式发动女真族的其他部落和蒙古族来对抗努尔哈赤，使其腹背受敌。

万历皇帝全心倚仗所选择的将领，对于他们提出的各种作战策略，也都全力支持。战事初期，即使兵败也不阵前换将，他会给他们机会，直到胜利，这证明他是会用人的。

内阁首辅，推动"万历新政"

《剑桥中国明代史》评价明代政府是同时代世界上最成功的庞大政府。明朝内阁乃皇帝的咨询机构，已具备现代西方内阁制的雏形。内阁首辅相当于现代政府中的"总理"或"首相"一职。万历朝的内阁首辅，每一位都是一

1598年，明朝海军出动五百艘战舰，开赴朝鲜露梁海与日本舰队交战，一举击沉日本战船四百五十艘。
（图片来源：太田天洋《朝鲜战役海战图屏风》）

时之选，可见万历皇帝的眼光很好。他们身居一人之下，万民之上，既要为万民谋福祉，又要为皇帝阅览奏章及票拟，更要时刻提防被同僚攻击。

　　万历朝以前，高拱招抚俺答，使边患骤减，并开隆万年间改革的先河。杨一清计除宦官刘瑾，并且将茶马互市改由官方接管，确保军需民用。明朝最著名的政治改革家张居正，在万历朝担任首辅十年，使国库税收大增，并且支持名将戚继光在蓟北的军事行动，使边关十多年无战事。徐阶击败权臣严嵩，为王守仁立祠，又拯救清官海瑞，还为在嘉靖朝"大礼议"＊事件获罪的大臣全部平反。叶向高独立处理内阁政务长达七年，还为传教士利玛窦争取安葬北京。这些顶尖首辅是撑持明朝帝国的核心人物，他们权力很大，而且发挥监督皇帝的作用，创造了先进的政治体系，值得敬佩与学习。

　　万历皇帝即位时才十岁，仰赖张居正为辅政大臣掌理政事，首要工作为整顿官场的混乱现象。在这之前，政府各机关中时常"所用非人"，导致弊政繁多，清代笔记《茶余客话》中记载了明代官场

万历驾到

＊　嘉靖年间因嘉靖皇帝生父称号问题引起的一场政治斗争，发生于嘉靖皇帝登基不久之时。

诸多弊事，张居正上台后，创制"考成法"，请求裁撤政府中的冗官，并改变官员考核的办法。京官每六年考核一次，地方官则为三年，以实际的政绩来评定官员的升迁。严格要求各级官员遵循朝廷颁布的诏令，并且定期向朝廷报告地方的情况，加强中央对地方的控制。张居正改革明朝经济的成就最为突出，他任用治水专家潘季驯治理黄河水患，使弃地转为良田，漕运南北贯通，促进了货物与粮食的流通。张居正推行"一条鞭法"，简化原本繁杂的税务，使没有土地的农民免除劳役的负担，而有田的农民可以直接缴税，有更多的时间耕种。土地经过清查，增加了可耕种的面积，以田地面积计税的方式，替国库增加了大量的税收。

经由这些能臣政策的推行，万历朝气象一新。

东林人士：空有抱负，有志难酬

"风声、雨声、读书声，声声入耳；家事、国事、天下事，事事关心。"这是无锡东林书院的对联，勉励读书人不仅要认真读书，还要关心国家、政治、天下事，不要读死书。这种"事事关心"的心态，正与明代注重实学的精神相互辉映。

顾宪成、高攀龙是东林书院的创始人，他们毅然以国家为己任，影响了晚明大批知识分子。其后东林诸君子杨涟、左光斗、魏大中、周顺昌、周宗建等人，虽因直言敢谏被诬而死，但他们的精神与正气浩然长存，印证了"富贵不能淫，贫贱不能移，威武不能屈"的大丈夫之英雄气概。

东林人士是专制皇权体制外的政治结盟，并且结合讲学与社会实践。他们主张为政应该"因民之好恶"，施政方针则必须"有益于民"。在经济上，东林人士提出救荒之议，主张保护农民利益，扶植工商业发展。根据利玛窦《中国札记》记载，东林人士心态开放，在中西文化交流中扮演举足轻重的角色。然而，东林党在后世的评价却褒贬参半。东林党成员的个人道德节操固然高尚，但东林党人占据道德制高点，却没有产

东林书院,位于今江苏省无锡市。

生实效。天启朝初期，东林党人掌权，他们得到一展抱负的机会，然而并未达到改革明朝财政、军事的目的。明朝人对东林党人的评论是："今日之争，起于门户，门户起于东林，东林起于顾宪成。"东林党党同伐异，激化朝廷中不同政见者之间的矛盾，缺少容人的雅量，以致后来有许多人投奔魏忠贤一派。

抗清烈士夏允彝面对东林问题也提出了相对客观的看法，他以实际的政绩来评判人，指出东林党人中也有败类，在施政方面更显出眼高手低的缺陷。非东林党人也有有心为朝廷一振法纪之人，但两方一旦聚怨，朝廷变成了政治角力场，对国事就都毫无帮助了。

有一次，首辅王锡爵对顾宪成抱怨："当今所最怪者，庙堂之是非，天下必欲反之。"顾宪成立即反唇相讥道："吾见天下之是非，庙堂必欲反之耳！"这段对话明显表现施政者与士大夫迥然不同的政治立场。顾宪成所言，代表了当时部分士大夫强调以天下之是非为是非的政治观念。

东林党过分关注抽象的道义之争，但有些争论点和百姓的利益实质上关系不大，最终仍无法依照他们的理念改变明朝走向衰亡的命运。

万历朝人才辈出，文治武功鼎盛，

在言论方面十分宽松，骂皇帝也不会被杀头。

以现代的"幸福指数"而言，

万历时期物价低廉、百业兴盛、就业率高，人民很幸福。

西班牙人门多萨赞叹明代中国城市街道干净，

认为中国是全世界最富饶的国家，百姓们的生活过得很好。

万历盛世长达半个世纪，杰出的文官武将居功厥伟。

徐阶

扳倒严嵩，提拔张居正

《明史》描述徐阶"短小白皙，善容止，性颖敏，有权略"。他从小就跟王守仁的门人交往学习，一直尊奉王守仁为理学宗师，嘉靖二年（1523）考中进士，为聂豹门生。嘉靖皇帝听从内阁大学士张璁的建议，想去除孔子的王号，改称为"至圣先师"，并降低祭孔的标准。徐阶极力反对，和张璁争论，张璁生气地喝道："你竟敢背叛我！"徐阶回答："背叛来自于依附，我从未依附您，何来背叛之说！"因此徐阶被贬为福建延平府推官。

徐阶（1503—1583），
上海人，
生于弘治十六年，
卒于万历十一年。
嘉靖二年（1523）进士，
授翰林院编修。

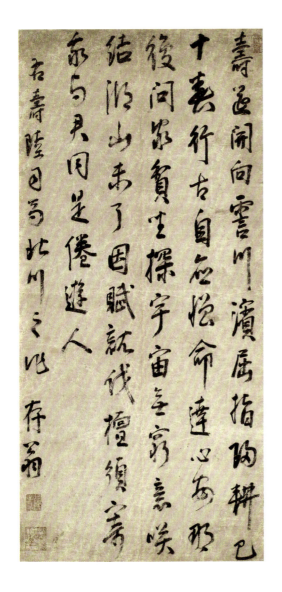

徐阶《寿陆司马北川诗》。此诗表现文人放达的襟怀。徐阶奉行阳明学，并创建王守仁及其后学的祠堂，使阳明学在江西一带广为传播。

徐阶在担任福建延平府推官期间，成功处理了非法盗采银矿的问题，并且提出"开矿不如市舶"的呼吁，一时声名大噪。他创乡社学，捣毁淫祠，更剿平大规模的海盗集团，捕获为害乡间的盗贼一百二十人。可见王守仁的实学培养了学生们解决问题的能力。

徐阶曾任浙江按察司佥事及江西提学副使，在地方上积极推动阳明学。嘉靖十七年（1538），他邀请九江教授薛应旗担任白鹿洞书院的院长。他还创建了王守仁及其后学的祠堂，使阳明学在江西广为传播。由此可见，阳明学的传播是靠学生们的大力推广。

徐阶起初不肯依附严嵩，于是严嵩经常在皇帝面前说他坏话。这使他认识到不能以卵击石，于是改变策略，事事顺着严嵩，从不与他争执。他为得到严嵩信任，还把自己的孙女嫁给严嵩的孙子。严嵩的儿子严世蕃多次对他无礼，他也忍气吞声。就这样，徐阶慢慢升官，后来兼任文渊阁大学士，进入内阁，参与机务，地位仅次于严嵩。嘉靖皇帝居住的永宁宫失火后，想要营建新的宫殿，严嵩劝皇帝回大内居住，但徐阶了解皇帝的心思，建议用宫殿烧毁后的剩余材料建造新宫殿，嘉靖皇帝因此逐渐疏远严嵩而亲近徐阶。嘉靖四十一年（1562），皇帝下令逮捕严世蕃，勒令严嵩退休，六十岁的徐阶就取代了严嵩成为首辅。

徐阶继任首辅后，大力革除严嵩弊政。他注重官员选拔，知人善任，先后举荐高拱、张居正等人入内阁。他也很爱惜人才，大力营救因上疏指责皇帝过失而被定死罪的户部主事海瑞。

嘉靖皇帝去世之后，徐阶起草遗诏，力除弊政，停止一切斋醮，把宫里的道士都赶走，并且为因"大礼议"案获罪的大臣全部平反。徐阶执政期间，减轻百姓负担，并纠正严嵩任首辅时的乱政、怠政现象，朝野因此称他为名相。

高拱

开放海禁，与鞑靼议和

嘉靖三十一年（1552），高拱担任裕王朱载坖（后来的隆庆皇帝）的老师。嘉靖四十五年（1566），经内阁首辅徐阶推荐，高拱担任文渊阁大学士。徐阶退休后，高拱继位内阁首辅。

隆庆六年（1572），隆庆皇帝病危，召高拱、张居正等人为顾命大臣，皇帝握着高拱的手说："我将天下托付先生了。"高拱是"隆庆新政"的决策者。嘉靖年间，倭

高拱（1513—1578），河南新郑人，生于正德八年，卒于万历六年。嘉靖二十年（1541）进士。

長江錦色

高拱《长江锦色》。高拱是"隆庆新政"的决策者，并以封贡互市的方法和平解决明朝西北的边患。

* 月港即今福建漳州市海澄镇，位于九龙江出海口。由于月港为内河港口，港道不深，后来逐渐被厦门取代。

寇作乱，朝廷于是禁止沿海民众下海贸易。高拱甚有远见，在隆庆元年（1567）同意福建巡抚徐泽民的请求，开放海禁，准许漳州、泉州商民由福建月港*出洋贸易，史称"隆庆开港"。这是继郑和下西洋后的大事，标志着官方独占的海外贸易，让位给民间，其影响直至明朝灭亡。此时海外流入明朝的白银约三亿三千万两，为当时世界白银生产量的三分之一，全球三分之二的贸易都与中国有关，同时因为白银的大量流入，使得中国成为使用银本位制的国家。

高拱的第二项政绩是"俺答封贡"，此举结束了明朝与蒙古长达两百年的战争，保持了之后两百年的和平。明英宗朱祁镇土木堡之变后，蒙古的土默特部长期作乱。嘉靖年间，其首领俺答汗多次要求贸易，甚至以武力兵临北京，迫使明朝开放山西的宣府、大同进行马匹交易。后来，明朝关闭马市，二者又再开战。隆庆四年（1570），俺答汗的孙子把汉那吉因为与祖父发生冲突，率众来降，高拱主张受降，加以厚待。俺答汗得知此事，决意与明朝和好，请求封贡。高拱引用明成祖封瓦剌、鞑靼诸王的故事，封俺答汗为顺义王，开放边境贸易，俺答汗表示永不侵犯。晚明西北流寇兴起，俺答汗也遵守承诺，并没有趁机兴兵作乱。

万历皇帝十岁即位，高拱认为其年纪太小，想要将司礼监的权力收回。司礼监在内廷权力最大，可与首辅匹敌。高拱此举是避免皇帝被太监控制，出现宦官专权的局面。司礼太监冯保从张居正处得知此消息，深感威胁，故意在皇太后面前说："高拱曾说十岁的孩子如何当得了皇帝。"皇太后听了大惊，在早朝时下旨，指责高拱专权，完全不许皇帝做主，不知作何打算。六十一岁的高拱听旨后，汗如雨下，面如死灰，被迫遵命回乡，最后在家乡去世。高拱是一位很有能力的官员，但他在万历朝没有机会像在隆庆朝时与同僚合作治国，非常可惜。

张居正

梁启超眼中明朝唯一的政治家

一般文史爱好者对张居正的印象，多来自朱东润的《张居正大传》和黄仁宇的《万历十五年》。中央电视台甚至以他的事迹为蓝本，推出《大明王朝1566》与《万历首辅张居正》两部连续剧。而我对张居正最深刻的印象，则来自熊召政的历史小说《万历首辅张居正》。这位被誉为"中兴宰相"的改革家，十二岁就考中秀才，从一介布衣荣升明朝内阁首辅，除了凭借自己的努力，还得利于贵人相助。

嘉靖十五年（1536），荆州知府李士翱在翻阅试卷时，

张居正（1525—1582），
小名白圭，字叔大，号太岳，
湖广江陵（今属湖北）人，
又称张江陵，
生于嘉靖四年，
卒于万历十年。

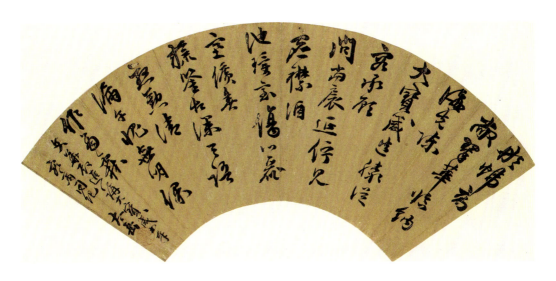

张居正《七律诗扇》。内容是描写教导皇帝治国箴言的场景。此扇面写给当时的太监张宏（号容斋），可见张居正知道，推行政务需要得到太监们的支持。

对十二岁的张白圭所写的文章特别欣赏，到州府报到时，李士翱首先点名张白圭，让他更名"居正"，希望他日后成为正直之士，为国尽忠。

隔年乡试，湖广巡抚顾璘听说了这位少年英才，在读了他的文章后立刻召见，让他即席赋诗。张居正在诗中表达了平步青云的志向，顾璘非常欣赏他，并送他犀牛角腰带作为勉励，预祝他日后更上一层楼。那年乡试，顾璘刻意不录取张居正，给予他落榜的挫折，警惕他不可过于自负。三年后，张居正考中举人，嘉靖二十六年（1547）考中进士。张居正后来回忆这段往事，很感激顾璘的良苦用心，他说自己的心中一直感念顾璘的知遇之恩，至死不忘。

后来张居正担任万历皇帝的老师，对幼帝的教育格外用心。鉴于万历皇帝年幼，不适合讲太多高深的典籍，他便请讲官查考古代贤君事迹八十一例，不贤者三十六例，每例配上一图，加以简单的文字说明，类似现今的漫画书，引导幼帝学习，名之为《帝鉴图说》。万历皇帝日后治国知人善任，用人唯才，在任内国家富强且能平定动乱，这都得力于张居正成功的教导。

张居正初入仕途即有改革之心，二十五岁时曾向嘉靖皇帝呈上《论时政疏》，可惜人微言轻未被采用。万历皇帝十岁登基，帝师张居正辅国，抓住这个改革契机，推行"一条鞭法"，丈量国家土地，加强中央对粮食的管控，还派遣潘季驯治理黄河。军事上则革除军备废弛的弊端，整顿海防，加强军事训练，重修长城，起用戚继光与李成梁固守边防，维系了国家的长治久安。又实施"考成法"，使官吏升迁制度步入稳定的轨道。张居正奠定了万历朝的中兴气象，使国家走向国富民强的新局面，成为当时世界上独一无二的强大帝国。

梁启超所举"中国六大政治家"，将张居正与管仲、商鞅、诸葛亮、李德裕、王安石并列，又称他为"明朝唯一的政治家"。黄仁宇更誉其为"智慧的象征"。

叶向高

支持东林、推广西学的内阁首辅

万历二十七年（1599），叶向高在南京任礼部右侍郎时，结识了传教士利玛窦，并与他切磋围棋技艺，两人相谈甚欢。利玛窦于万历二十九年（1601）到北京居住，万历三十八年（1610）因积劳成疾去世。照规定，客死中国的传教士须迁返澳门安葬，叶向高则促成皇帝赐北京葬地

叶向高（1559—1627），
福建福清人，
生于嘉靖三十八年，
卒于天启七年。
万历十一年（1583）进士，
选翰林院庶吉士、授编修，
任国子监司业，
曾两次担任内阁首辅。

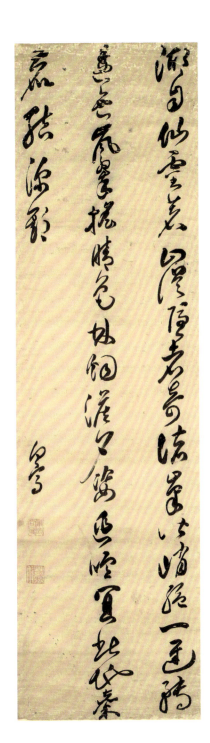

叶向高《行书五律》。叶向高对利玛窦非常敬佩，请求万历皇帝赐北京葬地给利玛窦。

给利玛窦。叶向高认为凭利玛窦翻译《几何原本》的贡献，以及他的道德风范，就应该让他安葬在北京。

意大利传教士艾儒略在福建传教时，叶向高、曹学佺曾与他进行为期两天的讨论。叶向高提出了许多对天主教的质疑，艾儒略一一加以解说，史称为"三山论学"（三山是福州的别称）。

叶向高致仕后闲居在家，但仍关心朝政，并对日本很有戒心，一直担忧日本对台湾的觊觎之心。万历四十四年（1616），他向福建巡抚推荐老友沈有容建议其领军抗击占领台湾的倭寇。沈氏后来被任命为水师参将，并击退了倭寇，以智慧与勇气迫使荷兰人撤离澎湖列岛，对台湾的和平安定做出巨大的贡献。

石星

拯救朝鲜的兵部尚书

我曾偶然在拍卖图录上看到石星的信札，内容提到封贡之事，提及人名"王荆老""行长"，并出现"关白""宋经略"等官名，我知道其是指王锡爵、小西行长、丰臣秀吉与宋应昌，内心一时为之震动，因为这正是万历时期朝鲜战争的第一手史料！能够收藏十几件与抗倭援朝相关的明人书迹，真是缘分！

这封信的作者石星是万历朝的兵部尚书，为人正直、敢言、务实。在第一次抗倭援朝战役初始，石星是出兵保卫朝鲜的主倡者，后来明军收复平壤，大胜丰臣秀吉，并烧毁日军粮仓。石星评估情势，转为支持议和，任用沈惟

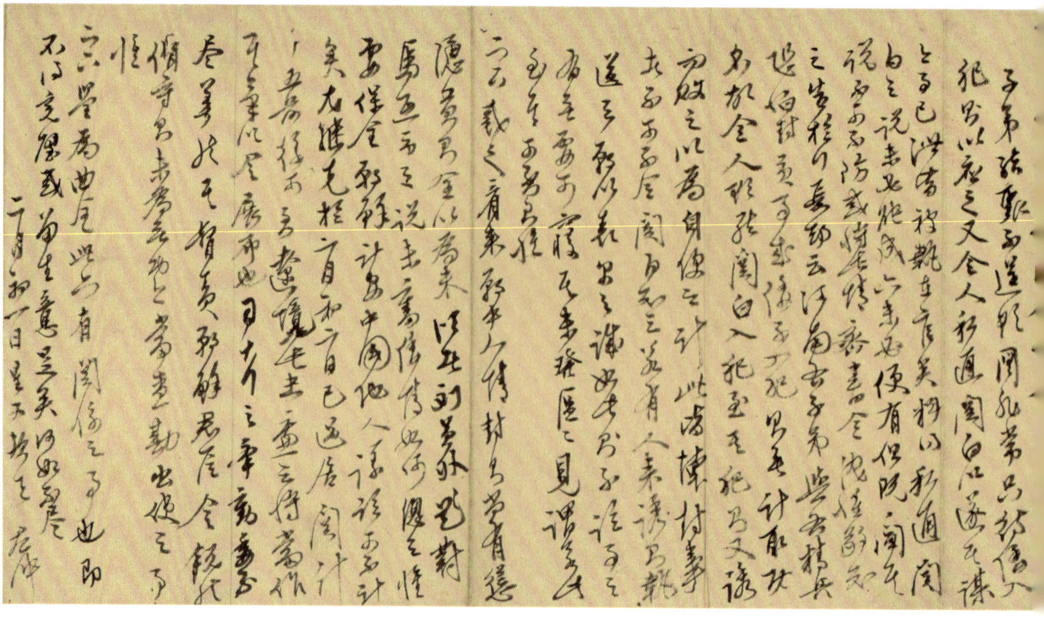

石星（1538—1599），
山东东明人，
生于嘉靖十七年，
卒于万历二十七年。
嘉靖三十八年（1559）进士，
历任工部、户部、兵部尚书。

敬前往日本册封丰臣秀吉。后来册封失败，朝臣多指责石星，他受惩夺职，病死狱中。葛兆光教授曾说，历史的真相也要从周边国家的视角来观察，才能看到不一样的视野与关怀。查阅朝鲜《李朝实录》，万历二十七年（1599）宣祖听闻石星下狱的消息后说："石尚书大人救援平壤，再造东方，常切感激。"而向宣祖传达此消息的都司吴宗道也说："惟敬，不足道也。石星，只为国也，可惜！"可见当时亲身参战的明将与朝鲜君主皆敬重石星，也肯定他在这场战事中的贡献。万历三十一年（1603），朝鲜在平壤建立武烈祠崇祀石星。直到朝鲜正祖年间，朝鲜君臣还很照顾居住在朝鲜的石星后人，可见朝鲜对石星的感激之情。

　　倘若当年和谈册封成功，第二次朝鲜战争或许不会发动，丰臣秀吉不会损失那么多精锐部队，导致其实力锐减，最终败给德川家康。明朝也不会花费巨资，导致军费短缺而无力对抗女真。而实力远弱于丰臣秀吉的努尔哈赤，更没有机会趁势而起了！

　　石星在信中强调一切惟以"保全朝鲜，计安中国"为原则，这是他身为兵部尚书的职责所在。反思当今世界局势，和平是全人类的共同心愿，和谈成功，避免战争，更能保卫国家与人民，我想这或许才是石星当时主和的初衷吧！

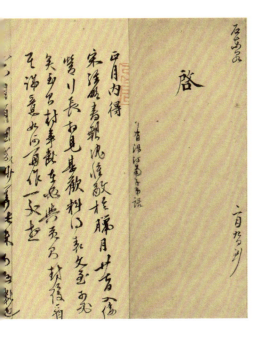

石星《与某人书》。此信札中提到抗倭援朝战役中的许多重要人物，是第一手史料。石星主持中日和谈，朝鲜君臣肯定他为保卫朝鲜做出的重大贡献。

郭子章

刊印利玛窦《坤舆万国全图》

明朝学术讲求务实致用，也就是复社宗旨标榜的"务为有用"。回顾郭子章一生的勋业，其正是经世济民潮流下的代表人物。

万历二十七年（1599），播酋杨应龙在云南、贵州、四川一带作乱，涉及的范围非常广。郭子章任贵州巡抚，兼治四川等地，被御赐尚方宝剑，颁旨剿杨应龙部众。当时军中缺粮饷，郭子章连续奏疏万历皇帝，皇帝被他感动，前后得饷银一百四十万两，漕粮三十万石。郭子章精简文武僚吏，以重兵守贵阳，用计使播州孤立，隔年结合川贵、湖广兵力，于百日内平定播州，杨应龙阖室自焚。此战之重要性在于彻底消灭了盘踞播州八百年的杨氏土司，也因此被誉为"万历三大征"之一。

郭子章（1542－1618），字相奎，号青螺，江西吉安人，生于嘉靖二十一年，卒于万历四十六年。隆庆五年（1571）进士。

郭子章《唐诗卷》局部。抄录唐人游诸寺诗十首。郭子章以雄才大略平定播州杨应龙之乱，更翻刻传播利玛窦的《坤舆万国全图》。

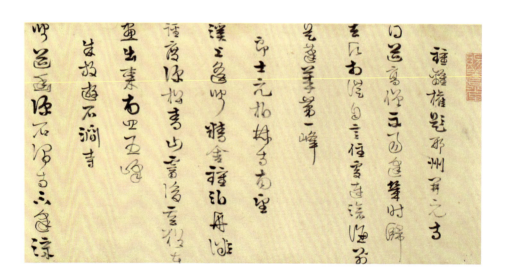

西方传教士传入西学之际，郭子章是最早为西学发声正名的人。万历十七年（1589），郭子章与利玛窦相识于肇庆，在利玛窦的介绍下，他对西方天文、数学、地理有了初步的了解，并热心支持利玛窦的传教事业。万历三十二年（1604）获得利玛窦新刊的《坤舆万国全图》后，他不但加以翻刻，还撰写序文一篇，介绍西方的地圆说。

郭子章除了是杰出的军事家，也是著名的思想家，江右王学的代表人物。万历末年郭子章与吉安名士邹元标等人讲学于家乡的青原山、白鹭洲，筹资建造会馆传播阳明学说，一时盛况空前。王守仁的弟子们，大多都能文能武，学识广博，格局极大，令人钦佩。

李如松

大败丰臣秀吉军的名将

李如松（1549—1598），辽宁铁岭人，生于嘉靖二十八年，卒于万历二十六年，武进士出身。

著名的"万历三大征"中，李如松参与了宁夏之役与朝鲜之役，皆取得了胜利。尤其在抗击日本军队入侵朝鲜的战役中，他打败了丰臣秀吉的爱将小西行长的军队，取得了人生最辉煌的战功。

李如松出身将门，是明朝镇守辽东三十年的总兵李成梁的长子。李成梁的九个儿子皆骁勇善战，有"李家九虎将"的美誉。李如松承袭父亲的功荫，充宁远伯勋卫，这是功臣之子才有的荣誉。万历初年，抗倭名将戚继光介绍李如松向徐渭学习军事策略。除了文艺成就外，徐渭还是抗倭英雄胡宗宪的首席幕僚，嘉靖年间其曾用计帮助胡宗宪平定浙江的倭寇。

万历二十年（1592）是李如松屡建战功的开始。当时鞑靼部首领哱拜反叛于宁夏，李如松官拜提督陕西讨逆军务总兵官，六月抵达宁夏，用水攻战术，三个月就攻克宁夏城，又围住哱拜家，迫使他全家自尽。同年四月，丰臣秀吉派兵十二万进攻朝鲜。五月，丰臣秀吉的精锐军小西行长率军在釜山登陆，两个月即攻下汉城（今首尔）、平壤。朝鲜国王向明朝政府求救，明朝研判日本的目的是中国，决定派兵援助。李如松因为有宁夏战功，在同年十二月被任命为东征提督、辽东总兵，弟弟李如梅、李如柏任副总兵，率领由戚家军、宣大精骑、广西狼兵和辽东精骑组成的四万精兵，东渡鸭绿江，抵达朝鲜，歼灭日军一万二千余人，使小西行长的精锐军队损失了六成，史称"平壤大捷"。

万历二十一年（1593）正月，李如松乘胜追击，在碧蹄馆与日军立花宗茂、小早川隆景遭遇。刚开始时，李如松以三千兵力对付日本大军万余人，两军激战六小时，直至黄昏。这时，副总兵杨元率五千援军，前来支援，以大炮轰击日军，并试图撤退。小早川隆景担忧李如松在退兵的途中埋有伏兵，

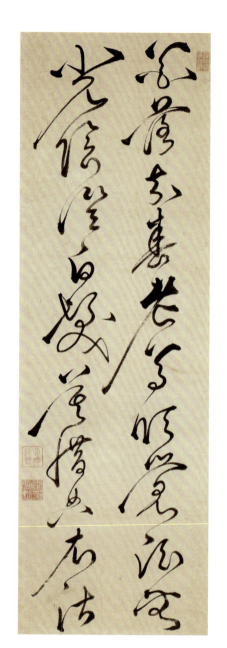

李如松《草书五绝》。此件书作上有"大明提督"之印。李如松先后参与宁夏之役与朝鲜之役，皆能出奇制胜。

劝退追击的日军。碧蹄馆之役由于朝鲜方面传来的军事情报不准确，加之李如松轻敌，在以少对多的状况下，遭到大批敌军包围。但李如松最终能顺利脱身，是相当了不起的。又由于朝鲜方面一直无法稳定提供军马所需的粮草，最终李如松只好退守开城。

碧蹄馆遇袭后不到一个月，李如松整军再发，准备收复汉城。他自知兵力不足，遂改变攻击策略，先采围攻之势，趁日军转守汉城西北方时，派敢死队焚烧日军后方的粮草数十万石。日军由于缺粮，全军撤出汉城，退往釜山，准备渡海回到日本，并向明朝请求议和。李如松因为此次战功，在十二月班师回朝后，加封太子太保的头衔，官拜正一品中军都督府左都督。

沈有容

保台英雄，智退荷兰

沈有容少年时便立志从军报国，万历七年（1579）中武举人，先后在蓟辽、闽浙、登莱沿海地区防守。他是历史上最早进入台湾、击退倭寇的英雄。万历三十年（1602），沈有容亲率二十一艘水师战舰秘密由金门出海驶往台南，将占据台湾的倭寇扫荡殆尽。在这场战役中，共击沉日舰六艘，斩首十五级，救回被劫持的百姓三百七十人，俘虏倭人数百。台湾百姓感谢他击退倭寇，纷纷说："沈将军再造我也！"他是保台英雄第一人，比郑成功更

沈有容（1557—1627），安徽宣城人，生于嘉靖三十六年，卒于天启七年。

早地从倭寇手中收复了台湾。当时跟随沈有容来到台湾的福建儒生陈第撰写的《东番记》是最早记录台湾居民生活习俗与地理风光的重要文献。

　　倭寇败退后，西班牙人和葡萄牙人先后来到台湾，以此地为对华贸易的基地。荷兰人也想如法炮制，便在万历三十一年（1603）派兵强占澎湖，并贿赂福建税监，想取得闽海贸易的主导权。沈有容认为荷兰人绝不只有商业目的，将来还可能危及国土安全。但对方并非海盗，而是商人，贸然出兵攻打也不尽合理，他便自告奋勇前往澎湖与荷兰人谈判。他只带了翻译，乘小船来到澎湖，荷兰将领韦麻郎初始并不把他放在眼里，坚持不退兵，旁边的将官也拔剑作势威胁。沈有容厉声喝斥说："中国军队杀贼惯了，你们自称是商人，我们才对你们优厚包容。你们竟提开战，想必原本就有造反之意。你们没见过天朝的兵威吗？"又说："难道你们不曾听说，我在东海大败倭寇时，海面都被血水染红了？我可不忍心看到你们步倭寇的后尘啊！"随后，翻译官告诉荷兰人明军水师已派出五十艘战舰包围荷兰船只。韦麻郎见情势不利，就率兵退出了盘踞半年的澎湖。

　　现置于澎湖马公市天后宫清风阁的"沈有容谕退红毛番韦

"沈有容谕退红毛番韦麻郎等"碑，保存于澎湖马公市天后宫。

大埔石刻

麻郎等"碑，是台湾现存最古老的汉人石碑，立于万历三十二年（1604），就是沈有容以谋略和口才迫使荷兰人撤离澎湖的明证。万历四十五年（1617），据报东沙（今马祖东莒）有倭寇盘踞，沈有容派水兵围东沙岛，生擒倭寇六十九人，现今马祖东莒岛的大埔石刻上还记载着这次壮举。

南居益

驱逐荷军，收复澎湖

南居益（1565—1644），字思受，号二太，陕西渭南人，生于嘉靖四十四年，卒于崇祯十七年。万历二十九年（1601）进士。

在收藏研究的过程中，我发现南居益这个人原来这么了不起。他击退占领澎湖的荷兰人，立下大功，在当时传颂八方。内阁首辅叶向高为他写了一篇文章《中丞二太南公平红夷碑》，说南居益打荷兰人是"还我版图"的壮举，并说平夷之后，福建人终于可以安居乐业了。

天启三年（1623），南居益为右副都御史，巡抚福建，当时荷兰联合日本，屡次骚扰东南沿海的福建漳州、泉州一带。南居益招降日本海贼首领李旦，荷将高文律恐惧，便派使者前来讲和。南居益上疏道："羁縻之术已穷，天讨之诛必加。"准备武力征讨占据澎湖的荷兰人。兵部同意他的主张，天启皇帝下旨说："督率将吏，悉心防御，作速驱除"，并且听任将领便宜行事，动用国库银两，可见天启皇帝相当重视这次的攘夷行动。天启三年十一月，南居益与总兵谢弘仪邀请荷兰使者团到厦门谈判，趁机囚禁代表团，并烧毁了入侵明朝沿海的荷兰船舰，沿海的乱事因此平息。

天启四年（1624）正月，南居益出兵收复澎湖，由澎湖吉贝进攻镇海港，并在澎湖娘妈宫（今澎湖天后宫）前跨海用火炮对准荷兰人的城堡，迫使荷兰人退守风柜，终使荷兰人竖白旗投降。

天启五年（1625），南居益迁工部右侍郎，总督河道，后魏忠贤攻击其倚傍门户，被削籍罢官。崇祯初年，南居益向崇祯皇帝上《谨陈闽事始末疏》，说明驱逐荷兰人的战事始末，并希望崇祯能重视南方海防，完成南居益原本的规划。此疏描述战事来龙去脉甚详，其中提到，荷兰人船坚炮利，能毁灭十里之外的船只，明军的船舰再多，也无计可施。南居益诱敌至厦门港口，生擒荷将高文律，并用火攻焚烧其精锐部队，使荷军气势大减。之后南居益亲至金门督战，乘胜追击，动用兵力一万人，兵船八百艘，费时八个月，直至荷军的粮食消耗殆尽，荷军遂拆除城池，连夜遁逃，澎湖至此平定。此役前后历时四年，军费支出在从臣及地方官的控制下，发挥了最大效益，此役也为福建除去了百年来的隐祸。

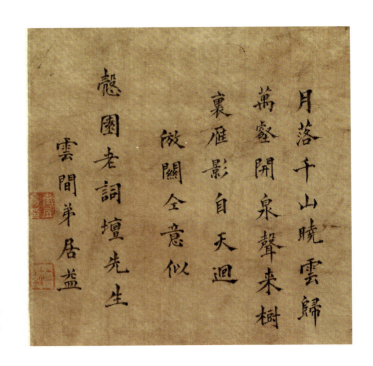

题画诗为："月落千山晓，云归万壑开。泉声来树里，雁影自天回。仿关全意，似悫园老词坛先生。云间弟居益。"

南居益《月落千山图》。整幅画作水墨淋漓，借由笔墨来表现雨后的翠润景色。南居益打败荷兰人、收复澎湖，让福建人民能够安居乐业。

福建百姓感念南居益驱逐荷军的大德，派代表向皇帝陈情未果，便为南居益立生祠祭祀，并于澎湖及平远台建碑纪念。崇祯元年（1628），南居益起户部右侍郎，总督仓场。当时陕西镇缺饷三十多个月，南居益请求从陕西上缴的赋税中，留三十万以纾困，获得准许。北京戒严时，南居益在通州，规划了完备的守城计策。适逢工部尚书张凤翔因军械未备齐下狱论罪，遂诏南居益代理工部尚书一职。过了不久，南居益因事被参劾，削籍归，后因守城有功而复职。

崇祯十六年（1643），李自成攻破渭南，招降南居益，施以炮烙之刑，其终不投降。次年正月，南居益与族弟南居业绝食七日而死。

熊廷弼

努尔哈赤也敬畏的儒将

熊廷弼（1569-1625），
湖北武昌人，
生于隆庆三年，
卒于天启五年。
万历二十六年（1598）进士，
历任直隶保定府推官、
监察御史、兵部尚书。

  熊廷弼一生经略辽东，成也在此，败也在此，留下了一世英名。辽东自努尔哈赤以降，就是明朝大患。万历三十四年（1606），镇守辽东三十年的总兵李成梁将四万余人迁往内地，打算放弃辽东，此举大受谴责。万历三十六年（1608），熊廷弼以御史的身份视察辽东，他虽是文臣，却有谋略，建议采取筑城屯粮的战略，修建七百余里边墙，三年之内屯积粮谷三十万石，抵挡女真族袭扰，准备长期抗战。又使用计策令女真各部族互相攻击，制止努尔哈赤变强大。此策略为万历皇帝采用，努尔哈赤被逼求和，退还取得的土地。

  万历四十六年（1618），努尔哈赤以"七大恨"告天，正式起兵反明。明朝派遣杨镐督军四路进攻却遭遇惨败，此即萨尔浒之战。朝廷迫不得已，起用熊廷弼为兵部右侍郎，再次经略辽东。熊廷弼除了继续屯兵筑城之外，采用"实内固外"和"以夷攻夷"的策略，稳定辽东情势，并将军队分成四路，每路三万人，在农忙季节进行骚扰，令女真族无法正常耕种，迫使努尔哈赤陷入了困境。万历皇帝对他非常信任，即使没有上朝，熊廷弼呈上的奏章也会火速亲阅，并且给予完全的支持，还钦赐尚方宝剑。然而这已是万历在位最后一年多时间里的事。

  天启元年（1621），朝中的政敌散布流言，攻击熊廷弼没有积极进攻，于是他又被罢职。同年，重要战略地沈阳、辽阳失守，皇帝请求五十三岁的熊廷弼再为朝廷一

战。他复出后，拟定"三方布置策"战略，在广宁以马步军阻止努尔哈赤；在山东登州、莱州和河北天津设置军队；水师袭扰辽东半岛沿海。在山海关适当的地方，设置经略官，节制以上三方。战略虽好，却无法执行，因为朝廷又指派王化贞为巡抚，分散了兵权，熊廷弼要兵无兵，十分懊恼。天启二年（1622），努尔哈赤渡过辽河，大举进攻。王化贞采纳孙得功建议，撤下广宁的守军，但孙得功早已投降努尔哈赤，一交战就连声大喊兵败了，率先逃跑，以致明朝全军覆没。王化贞逃亡途中遇到熊廷弼，熊氏得知战局后质问王化贞："六万军队，一次被歼灭，还能如何？"全军退守山海关内，辽东陷落。熊廷弼最后被问罪弃市，传首九边，真是英雄悲歌。

我听好友杨儒宾教授说，熊廷弼下台是在东林党执政时。民国学者熊十力是他的后人，每次讲到这件事都相当愤慨。我时常想，要是万历皇帝多活二年，就能让熊廷弼大展身手。又假如东林党人执政的天启朝，天启皇帝也能像万历皇帝那么信任熊廷弼，可能历史就要改写了。

熊廷弼《李白〈蛾眉山月歌〉》。熊廷弼经略辽东有成，长年在外征战，想必对此诗的内容深有体会。

杨镐

抗倭援朝，救朝鲜于存亡旦夕

万历二十一年（1593），杨镐任山东参议，分守辽海道。其曾在雪夜率军度过墨山，袭击蒙古炒花帐，大有斩获，因功进为辽东副使。杨镐熟知练兵、屯田事宜，在任时开垦荒田百三十余顷，一年就累积了粟米一万八千余石。

万历二十五年（1597），日本丰臣秀吉第二次出兵朝鲜，杨镐以右佥都御史之职，经略朝鲜军务。他率军渡过鸭绿江，快到平壤时，听说倭寇的先锋部队已迫近汉城，朝鲜王也准备弃城逃亡。他立即请朝鲜昭敬王留守京城，切勿轻言退逃，以免百姓们恐慌。同时他连夜兼程前往汉城稳定局势，随后在稷山大捷、蔚山激战，成功拦阻倭寇，使汉城不致陷落敌手。后来杨镐被参劾罢职，必须

杨镐（？—1629），
河南商丘人，
生年不详，
卒于崇祯二年。
万历八年（1580）进士，
曾任南昌、蠡县知县。

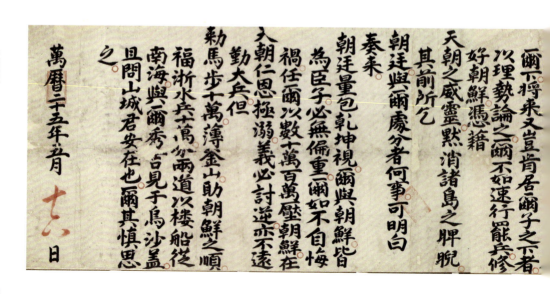

回到中国，朝鲜君臣为他深感不平。万历四十六年（1618），努尔哈赤出兵，攻下了抚顺。杨镐因熟悉辽东军事，再度被起用。但战事不利，将兵损失无算，他最终遭到弹劾，被判死罪。虽然历史总以成败论英雄，但杨镐在抗倭援朝时遣军援救朝鲜，做出扭转乾坤的重大贡献，却是不争的史实。

朝鲜君臣感念杨镐的再造之恩，建立去思碑，碑文盛赞杨镐的稷山大捷实为朝鲜重生的契机。

我收藏了一件写于万历二十五年五月十六日，杨镐致日本丰臣秀吉的国书。时值丰臣秀吉第二次调大军渡海进攻朝鲜，杨镐在咨文中先对丰臣秀吉晓之以理，再动之以情。这封国书恫吓丰臣秀吉"臣与君抗，天理不容"，并指日本在前一年发生大地震，这是"神明殛（惩罚）之"。且丰臣秀吉已六十多岁，但儿子还未满十岁，奉劝他"寿命几何，子未十龄孤弱何恃"，还不如速行罢兵，休养生息。国书中有关日本的情况后来都一一应验，说明他对日本有深入的了解。

杨镐《与丰臣秀吉书》局部。信文晓之以理，动之以情，提醒丰臣秀吉年事渐高，莫轻易征伐朝鲜。战争开始后，杨镐以稷山大捷拯救了汉城。

杨镐去思碑，现存于韩国首尔大新高等学校内。
（摄影／沈明珠）

高攀龙

高攀龙家居时，与顾宪成一同讲学于东林书院，主张笃行踏实、存诚主静，一时儒者都奉其为宗师。海内士人不管认不认识高攀龙，都对高、顾二人的名声有所了解。在高攀龙削官归里时，东林书院也被诏毁，崇祯皇帝即位后，地方官与学者们募资将它重新恢复。

高攀龙曾撰写过《山居课程》，文中呈现了大儒的日常生活。他每天早晨五更（凌晨四点）起床，凝神静坐，到天明时小憩一下；之后梳洗、焚香、玩味《易经》。吃完早餐后徐行百步，教小孩日课，浇花灌木，接着入室读书。午餐后散散步，睡个午觉，起来后品茗焚香，再继续读书至日落。傍晚时再静坐一柱香的时间，然后出门远望大自然。晚餐简单清淡，小酌一番，再点灯随意翻书，兴尽而止，最后静坐直到睡意浮现，然后就寝。高攀龙这种"一日三分，一分静坐"的自我修养法门对后世影响极大。他还有"复七规"，类似"打禅七"的一套方法，"结七日之期，默坐体认"。直到明亡以后，他的弟子还按照老师的这种作息来生活。

高攀龙曾与顾宪成论东林，他说，"东林人士如果有罪，罪名当是'心肠不冷'"。圣人在外，必定会关心国家政治，即使在家，也会略为听闻外面的消息。这种古道热肠的态度，和顾宪成撰写的东林书院对联不谋而合——"风声、雨声、读书声，声声入耳；家事、国事、天下事，

高攀龙（1562—1626），字存之，又字云从，号景逸先生，江苏无锡人，生于嘉靖四十一年，卒于天启六年。东林七贤（东林七君子）之一。

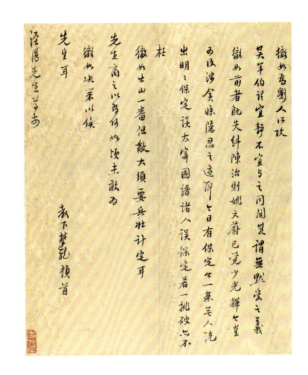

高攀龙，《与顾宪成书》。高攀龙是东林领袖，为当时士人们的精神导师，最终为了理想牺牲了生命。

事事关心"，表达的正是知识分子以天下为己任的胸怀。

天启四年（1624），杨涟揭发魏忠贤二十四大罪，遭到魏忠贤报复，一时杨涟、左光斗、魏大中、袁化中、顾大章、周朝瑞等六人被下狱迫害至死。魏大中被押解路过苏州时，受到周顺昌的照顾，两人还结为亲家，周顺昌因此遭到逮捕。高攀龙也在逮捕名单之中。

高攀龙当天早晨先至宋儒杨龟山祠拜谒，回家后，与两位门生、弟弟到后园池上饮酒，听说周顺昌已经被抓走，他笑着说："我视死如归，今果然矣！"回到屋里和夫人谈话，就像平时一样。之后写了两张纸，要两个孙子明日拿给锦衣卫官校，之后便闭门不出。过了一阵子，家人推门入室，发现室内只留了一盏微弱的灯，高攀龙已经投水自尽。他留下遗书写道："我虽然已被夺官，但从前是大臣，大臣受辱，就是国家受辱。我谨北向叩头，追随屈原留下的典范。"他向门人华允诚道别的书信中说："我一生的学问，至此终于发挥了作用。"语调严正不悔，令人怆然。卒年六十五岁。

缪昌期

以名节自励的东林君子

天启年间，宦官魏忠贤把持朝政，趋炎附势者形成阉党集团，与之对立的一方是以杨涟、左光斗、魏大中、高攀龙为首的东林党。美国学者贺凯（Charles O. Hucker）评价东林党人士："是一支重整道德的十字军，但不是一个改革政治的士大夫团体。"东林党争反映的是传统儒家价值观与现实恶劣政治势力的斗争。江阴人缪昌期，以名节自励，力主除弊图新，是东林党中的灵魂人物。

他与东林党结缘甚早，十九岁就与钱谦益意气相投，结为"同志""同党"。二十九岁那年，吏部文选郎中顾宪成因忤帝意居于乡，顾氏听闻缪昌期的俊秀优异，特聘其至无锡顾府担任家庭教师。任职三年期间，缪昌期常与顾宪成议论国事，此后两人始终维持亦师亦友的关系。

我收藏的一件缪昌期写给顾宪成的信札，很能看出两人的情谊。顾宪成于万历二十六年（1598）八月与吴中文人在无锡惠山天下第二泉旁研讲，力驳阳明学"无善无恶心之体"之说，一时贤朋满堂，名播天下，史称"龙山胜会，不减鹿洞鹅湖"。顾宪成在信中邀请缪昌期参加讲会，并寄上所作《尚行精舍记》。缪昌期读后盛赞该文阐扬"能行之即悟""实行之为行"，重视实行，而非空口议论的修行之道。这种精神正是东林党所标榜的"家事、国事、天下事，事事关心"。

此外，缪昌期与同乡徐霞客因文章道义成为好友，他

缪昌期（1562—1626），字当时，号西溪，生于嘉靖四十一年，卒于天启六年。东林七贤（东林七君子）之一。

缪昌期《与顾宪成书》局部。由信文可知，顾宪成邀请缪昌期赴讲会，并且将所作《尚行精舍记》示于他。

的孙女因此嫁给了徐霞客长子。

天启四年（1624），东林党人上奏弹劾魏忠贤，杨涟的参劾奏疏列举魏忠贤二十四大罪状，一时朝野鼎沸，并传此疏出自缪昌期手笔。不久后杨涟、左光斗遇害，缪昌期也被削籍归家。天启六年（1626），缪昌期被捕，入狱前作自述千言以表心志。在狱中受尽凌虐，十指全被打落，随即壮烈牺牲，卒年六十五岁。

崇祯即位后，缪昌期获得平反。康熙三十年（1691），他与同期遇难的李应升入祀江阴文庙双忠祠。

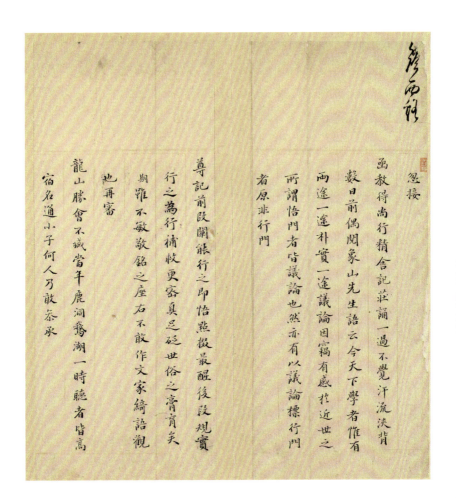

杨涟

保护天启帝登基，弹劾魏忠贤

杨涟（1572—1625），
湖北广水人，
生于隆庆六年，
卒于天启五年。
万历三十五年（1607）进士。
东林七贤（东林七君子）之一。

　　杨涟年轻时就以敢言著称，在泰昌皇帝病危时曾上疏骂了泰昌皇帝一顿。杨涟当时只是一位七品小官，任给事中，泰昌皇帝却觉得他能不顾性命直言上疏，是位忠臣，遂任命他为顾命大臣。泰昌皇帝驾崩后，有一位受宠的李选侍住在乾清宫，挟持着将即位的太子，想要把持朝政。当时杨涟挺身而出，率领官员闯进宫中，将年仅十六岁的小皇帝由李选侍的手中夺回，拥入太和殿登基，这位太子就是后来的天启皇帝。

　　天启即位之初，朝廷中"东林势盛，众正盈朝"，气象为之一新。但"东林三君子"之一的吏部尚书赵南星排斥异己，于是非东林党人士转而投向魏忠贤。杨涟于天启四年（1624）六月上疏劾奏魏忠贤二十四条大罪，指责他把持宫中、府中大小事宜，该当处死。天启未加采信，但魏忠贤从此对杨涟怀恨在心，于是设计诬告他贪污，将左光斗、周顺昌、魏大中等人都抓进监狱，并对杨涟严刑拷打，以致其最后惨死狱中。他的冤情直到崇祯年间才获平反，谥号忠烈。

　　杨涟在狱中曾用血书留下绝命词，大意是：我一生奉行仁义，最后生命却在狱中结束，实在不能说是死得其所。但我身为左副都御史，曾受先帝的顾命。孔子曾说，受人托付孤子之命，就算面临大难也不能失去气节。保持着这个信念，我就有脸去见天上的先帝，也对得起我的祖先、皇天后土和天下百姓了！

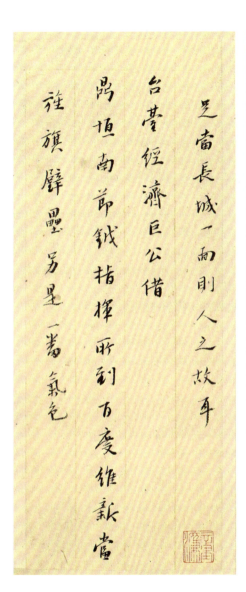

《与某人书》

杨涟在《与某人书》中说："今天下独不得实心任事之人耳！"如今虏患未灭，军士"家无宿饱"，而"军师无所凭借，不足当长城一面"，国事败坏的原因乃在于"人"，用人不当，国势也不会有起色。由于已经受人猜忌，争之未便，杨涟告归乡里后不能参与决策。由此信札实可见杨涟以国家君主为己任之心，以及对君子蒙尘、百口莫辩的忧虑之情。

杨涟《与某人书》局部。杨涟受魏忠贤陷害而死，在行刑前曾留下血书一封，表达自己忠君爱国之情，后来被公诸于世，罪名终于获得平反。

左光斗

史可法的恩师

方苞曾写《左忠毅公逸事》一文，其中史可法冒死入狱探视老师左光斗的一段，读来令人动容。左光斗为了保全最器重的学生史可法，铁着心肠逼迫他赶紧离开是非之地。

早年左光斗任督学时，有一天外出视察，正好遇到大风雪，他路经一座古寺，看到一个学子趴在桌子上睡着了，旁边放着刚写好的文章。左光斗看完文章后，解下自己身上的貂皮披风给他保暖，这个学子就是史可法。史可法后来在考童子试时被左光斗录取，左光斗向妻子介绍史可法说："吾诸儿碌碌，他日继吾志事，惟此生耳。"

明朝末年，史可法带兵守备凤庐道，抵抗张献忠，常好几个月不就枕，坐在营帐外面，兵卒轮流让他靠着背打个盹。有人劝他稍微休息一下，他说："我怕辜负朝廷对我的重用，更怕辜负我老师的教诲！"清军南下时，史可法坚守扬州，以《复多尔衮书》拒绝清将多尔衮的劝降。扬州城被攻破后，史可法殉难。死前遗书说："城亡与亡，我意已决，即劈尸万段，甘之如饴。但扬州百万生灵，既属于尔，当示以宽大，万不可杀！"但是扬州百姓仍然遭受了屠城之难。

史可法与左光斗的遇合，乃是国士之难。左光斗是东林党人士，万历三十五年（1607）与杨涟一同考中进士。天启四年（1624），杨涟上了一份奏章揭发魏忠贤二十四条罪状，左光斗等七十余人大力支持他。魏忠贤诬陷他接受熊廷弼贿

左光斗（1575—1625），
安徽桐城人，
生于万历三年，
卒于天启五年。
万历三十五年（1607）进士，
授中书舍人，
东林七贤（东林七君子）之一。

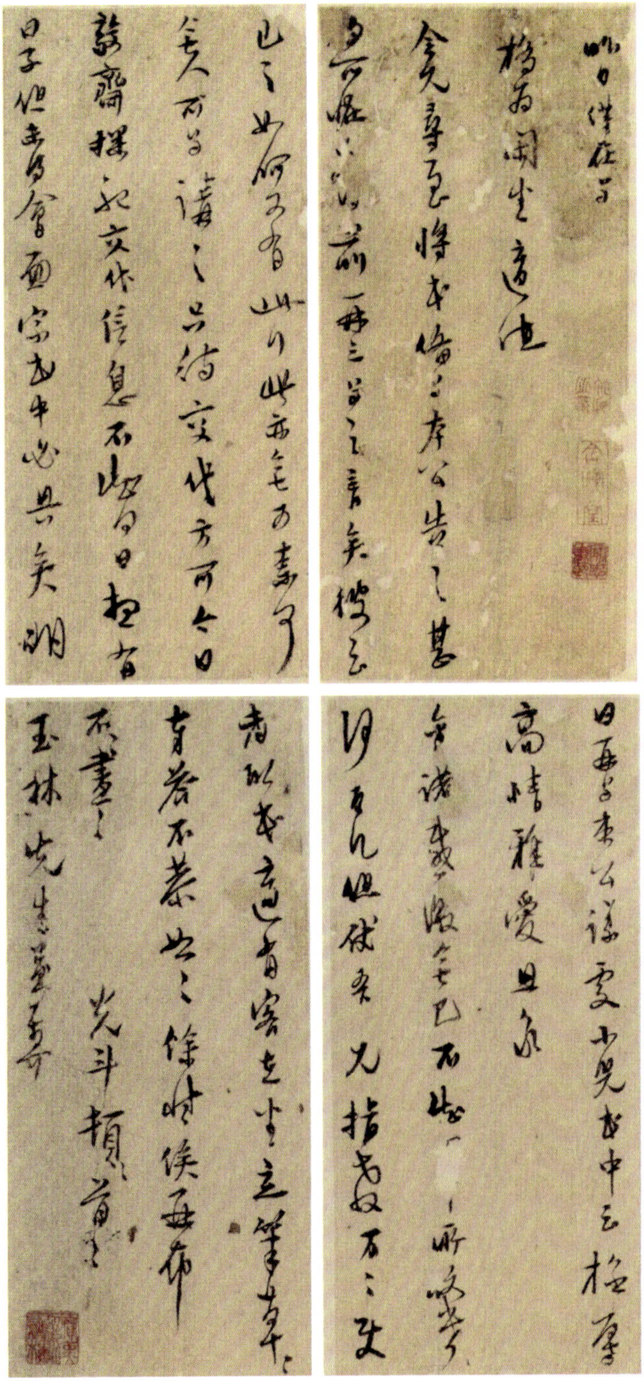

左光斗，《与玉林（卞世忠）书》。左光斗于信文末感谢卞世忠对儿子的提携与照顾。

赂，五十岁的左光斗被捕下狱，最终受酷刑折磨而死。他的
精神传承给了弟子史可法，两人的死都重于泰山。

钱谦益

一代文宗，郑成功的老师

钱谦益是晚明文坛祭酒、东林党领袖、郑成功的老师，
屈节仕清，之后又投身复明运动，他的身份多元且复杂。
清代史学家阎若璩认为明末清初读书广博又精深的人只有
三个：黄宗羲、顾炎武、钱谦益。天启年间，钱谦益担任
《神宗实录》编纂。崇祯年间，钱谦益由礼部右侍郎升为礼
部尚书。南明弘光朝时，他曾上疏表示非常时期应当用人
惟才，而不应放大个人的道德瑕疵。其本意是大敌当前，
东林党与阉党应放下争斗，可惜他的建议最后仍未被采纳。
不久，清军攻破南京城，钱谦益等人率众迎降，他因此背
负降清骂名，但实际上是保全了南京城百姓的生命。

顺治三年（1646），钱谦益任礼部侍郎，充修《明史》
副总裁，不久辞职，当官时间不到半年。

钱谦益辞官后，秘密从事抗清复明活动。顾诚在《南
明史》中写道："幕后联络东南和西南复明势力高层人物
的正是钱谦益。"而我们所熟知的郑成功，就是钱谦益的
学生。崇祯十一年（1638）郑成功考中秀才，后来进南京
国子监深造，拜入钱谦益门下。钱谦益替他起"大木"为
字，期许他成为国家栋梁，将来能有用于社稷。郑成功起

钱谦益（1582—1664），
字受之，号牧斋、蒙叟，
江苏常熟人，
生于万历十年，
卒于康熙三年。
万历三十八年（1610）登进士。

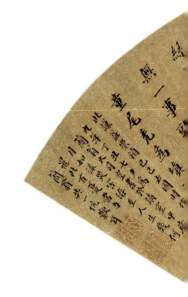

兵由长江攻入、包围南京时，钱谦益更和杜甫《秋兴诗》祝其凯旋。郑成功的复明行动之所以能初步成功，是靠着钱谦益居中运作。

他晚年乡居白茆之芙蓉庄，与遗民如黄宗羲、熊开元、弘储、归庄、屈大均、吕留良往来密切。特别是黄宗羲，住过钱家的拂水山庄、半野堂、绛云楼，钱谦益还邀他来此作伴读书。在钱谦益生命最后一年，健康状况不允许他过度工作，此时黄宗羲过访钱家，钱谦益请他代偿文债三篇，黄宗羲一气呵成，完成好友的托付。钱谦益在明清之际文名极盛，号为一代文宗，开创虞山派，又与吴伟业、龚鼎孳号为"江左三大家"。

钱谦益与柳如是的相恋，是晚明文坛的一段佳话。清军占领南京后，柳如是曾劝钱谦益殉国以保全大节。乾隆编纂《贰臣传》，将钱谦益列名其中，但国学大师陈寅恪认为钱谦益是"复国之英雄"，应该宽恕他入清任官的失节，嘉勉他后来赎罪的心情。陈寅恪还称赞钱谦益、柳如是两人的诗文足以"表彰我民族独立之精神，自由之思想"。

钱谦益《七夕四绝句诗扇》。钱谦益是晚明文坛祭酒，东林党领袖，郑成功的老师。

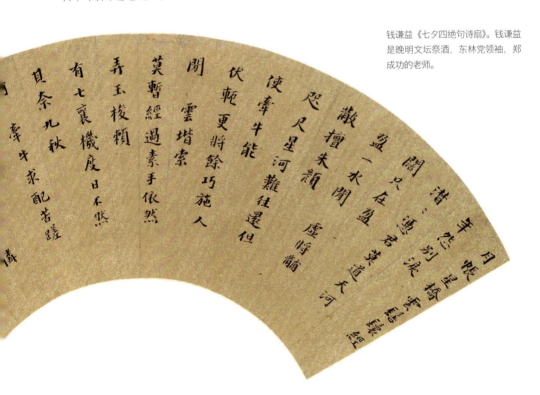

第三篇 | 科学与技术

幸生圣明极盛之世，
滇南车马，纵贯辽阳，
岭徼宦商，衡游蓟北。
为方万里中，
何事何物不可见见闻闻？

——宋应星《天工开物·序》

总结经验，集其大成

早在宋代，中国就已是科技大国，晚明更是科学与技术成就的高峰。这些生长在明朝的科技大师，在王守仁"知行合一"理念的影响之下，每个人都注重扎实的学问根柢及亲身实践，展现明代实学的最高成就。明代的科学家总结前人经验、集先贤之大成，并进一步积极改良内容与方法，极富创意。

"药圣"李时珍的巨著《本草纲目》，总结了十六世纪以前的药物学知识，重新分类药物和植物，开创了当时世界上最先进的分类法。他采用田野调查的方法，带着儿子与门徒到各地采集药物，并且详细询问当地的农民和耆老。历经三十余年，终于完成了《本草纲目》。治水名臣潘季驯撰写《河防一览》，书中总结了前人的治水经验，他进一步根据实地考察，提出"束水攻沙"的办法，既治河、又治沙。朱载堉发明"十二平均律"，舍弃了中国传统音乐乐律计算的三分损益法，经过复杂的数学计算以及实际乐器的实验得出结果。

万历年间著名的造园家计成撰写的《园冶》，是目前所知世界上最早的造园专书，其总结了中国传统园林的构造原则，

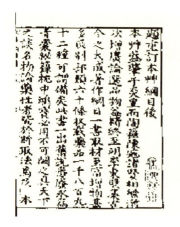
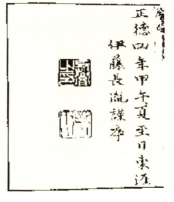

李时珍《本草纲目》是中国历史上集本草学、药物学、植物学和博物学大成的重要著作。

朱载堉发现"十二平均
律",是全世界第一人。

至今仍然适用于中国古建筑及园林的建造与分析。现今上海同济大学的"明成楼",其"明"字代表明朝,"成"字来自计成,以表彰明代园林艺术家计成对中国园林文化的贡献。

明朝有不少士大夫以开放的心态接受外来语言、文化及科学技术。徐光启是晚明中西文化交流中的重要人物,他接纳了天主教信仰,并且随利玛窦学习数学与历法,两人还合译了《几何原本》。王征是中国第一位学习拉丁文的人,并且也受洗入教,他将邓玉函口译的《远西奇器图说》笔述并绘图出版,把当时欧洲最先进的机械学基础知识引进中国。另一位全才型学者方以智,幼年时就曾与熟悉西学的熊明遇一起论学,他也引述传教士"脑主思维"的说法,介绍了西方关于人体骨骼、肌肉等方面的知识。方以智曾说:"生今之世,承诸圣之表章,经群英之辩难,我得以坐集千古之智,折中其间,岂不幸乎!"此说和牛顿谦称自己"站在巨人的肩膀上"有同工之妙,展现了晚明时科学成果丰厚的积累,以及接纳外来知识、集其大成、承前启后的特性。

科技发展来自日常生活

如今妇孺皆知的宋应星《天工开物》，是中国明代以前农业、工业及手工业成就的集大成者，书中内容与民生日用最为相关，可说是一部技术百科全书。由于万历时代天下承平，交通无远弗届，人们眼界大开，求知若渴，《天工开物》就是因应这种需求而诞生的。被人称为"小诸葛亮"的王徵，除了译介西方器械学知识，更留心发明、改良最贴近百姓生活的农具和日常用具，以方便劳动者。李时珍将植物分类整理成《本草纲目》，标明每种植物的药效，更直接关系到每个人的健康与生命。

其他日用科技，如地图学与地理学，也有长足进步。明初郑和下西洋时绘制的地图，被中国科技史权威李约瑟称赞为"一幅真正的航海图"。明代杰出的地图学家罗洪先精心绘制的《广舆图》，是中国历史上最早的分省地图集。万历时期，利玛窦制作的《坤舆万国全图》带来了新的地理知识，推动了中国地图学的发展。据说现存中国最早的地球仪是在晚明制作的，现藏于英国大英博物馆。

明代的地理学著作，较为著名的有张岱高祖父张天复所作的《皇舆考》、郭子章《郡县释名》、曹学佺《大明一统名胜志》、李日华《舆图摘要》、方孔炤《全边记略》等。最为人所熟知的是地理学家兼旅行家徐霞客，他踏遍十六省，并记录所到之处的人文、地理现象与动植物，汇集为《徐霞客游记》。其中，徐霞客对石灰岩地貌的成因进行过深入研究，并重新考察长江的源头为金沙江，纠正了千年以来的谬误。

采矿与冶金、造纸与印刷技术提升

明代采矿与冶金技术不断提高，采矿的安全性也大幅提升。宋元以前，矿工时常受到矿坑中毒气的侵袭，以前只能被动地躲避。到了明代，矿工们会先取竹枝插入矿土中，将毒气导出矿坑，大幅减少对工人的职业损伤。在冶金方面，明代中期已冶炼出金属锌——当时叫作"倭

《天工开物》中描绘锌（倭铅）的冶炼方式，炼锌技术的成熟影响了明代通行货币的材料。

铅"——欧洲一直到十七世纪才掌握这项技术。宋应星《天工开物·五金》中记载："以其似铅而性猛，故名之曰'倭'云。"明代冶炼黄铜的技术也有了重要发展，人们又再将锌与黄铜合炼为"锌黄铜"，这成为明代嘉靖以后铸造钱币的主要材料。

　　明代的造纸业与印刷术也在嘉靖到万历年间达于极盛。竹纸是最常使用的纸张，故发展最快。明代中期，福建地区曾制作出高级竹纸。明朝人极讲究笺纸，屠隆《考槃余事》中记载，江西铅山出奏本纸，浙江常山出榜纸，江西临川出小笺纸，浙江上虞出大笺纸及大内用细密洒金五色粉笺，当时印金花五色笺、磁青纸、无纹洒金笺也很流行。可知明朝笺纸根据不同的用途，款式亦琳琅满目。明代是中国古代印刷业的高峰期，印刷品的种类和数量都远超过前代。利玛窦在《中国札记》中称赞中文印刷既简便，又成本低廉。一个熟练的印刷工人，每天可印刷一千五百张纸，所以书籍大量发行流通，售价便宜，促进了知识普及。在印刷技术上，雕版、活字版和彩色印刷都有普遍的应用。活字不仅有木活字，更出现了铜、锡等金属活字。彩色印刷是在雕版印刷的基础上，采用各色分版套印。另有一种拱花印刷，类似今天的凹凸版印刷，呈现出浮雕的效果，是明代的创举。

军事科技领先西方

明代的军事科技也有长足进步。1549年，明朝海军已制造出水雷，比西方早了二百多年。万历年间抗倭援朝时，明朝海军曾用水雷一举击沉日本的大型战舰。明朝也开发出大型远程火箭，名叫"火龙出水"，可在水面上飞行数公里，直接攻击对方的舰艇。明代工匠也制造出最早的触发式地雷，并用它重创进犯浙江地区的倭寇。抗倭名将戚继光军中使用的一种轻便火炮——虎蹲炮，是最早的迫击炮，常用于山地作战，机动性很强。

明代后期引进了许多西方先进武器，并且对其加以改良。红夷大炮在天启年间自葡萄牙引进，精通西学的徐光启改良了大炮的铸造技术，更引进炮规、铳尺等仪器增加准度。徐光启的学生孙元化还邀请外国顾问训练了一支精良的炮兵部队。袁崇焕把红夷大炮架在宁远城墙上，炮击努尔哈赤的骑兵部队，据说努尔哈赤也为大炮所伤，是为宁远大捷。由此可知，明朝后期的军事技术相当精良。

走在尖端的医学与农学

明代的医学成就突出，除了将古代的医学理论进行整理外，更有许多创新。吴有性提出瘟疫是由于"戾气"从口鼻侵入人体，其撰写的《温疫方论》是病毒学、细菌学的重要著作。明代医学在临床治疗方面也累积了大量经验，名医张景岳的医案《景岳全书》内有实用的治疗方案，张景岳本人也一直是山阴祁彪佳家族的专用医生。

中国古代的"种痘法"始于明朝，用以预防天花（古代叫痘疮）。据清代医学家俞茂鲲《痘科金镜赋集解》记载，"种痘法"始于明隆庆年

虎蹲炮
（绘图／郑靖非）

红夷大炮
（摄影／Ying Yo Ban）

间，方法是先让健康的人感染轻微的天花，以得到抗体。中国种痘技术于十七世纪开始传到国外。俞正《癸巳存稿》记载，清朝康熙年间，俄国请求派医师来学习"种痘法"。其后朝鲜、日本等国，也先后学会了种痘技术，据说日本的"种痘法"是由独立性易传播过去的。英国人琴纳就是在中国种人痘的基础上发明种牛痘的。明末清初，杭州名医张遂辰与当时另一位名医卢之颐，以杭州侣山堂为主要场所，招同学友人讲论其中，形成了中国医学史上集讲学、医疗与研究于一体的钱塘医派，影响至今。这个例子让我想到，这不就像是大学的医学院、研究所，和医院之间的关系吗？因此，此举可说是今日医科大学的前身。

明代的外伤科也有卓越成就。陈实功从青年时期就专门研究外科，在1617年写成《外科正宗》，主张治疗外科疾病应该手术与内服并重。书中还有恶性肿瘤和乳癌最早的治疗纪录。另一位著名的医学家王肯堂是杰出的外科医生，他能够动手术切除眼睛旁边的肿瘤，此外还会医治精神疾病。他著有《疡医证治准绳》，主张骨伤科医生必须了解骨骼结构，书中对耳廓、唇、舌、外伤的整形术有详细介绍。他还提出肿瘤不能用手术根治，这是走在医疗尖端的认识。

古代中国以农立国，农学的重要性不言而喻。明代有各式各样的农学著作，万历二十四年（1596）屠本畯撰写了中国最早的海洋生物专书《闽中海错疏》，介绍了二百多种水族生物的生活习性。徐光启《农政全书》集中国古代农学之大成，总结了农业的生产经验，并吸收了先进的西洋水利——泰西水法。此书也是首部系统地介绍甘薯种植法的著作。明代农业还有一项重大的变革，就是引进了许多农作物，如玉米、甘薯、辣椒等食物，都在明代时传入中国并大量推广种植。

多元开放，大师辈出

时代创造大师，大师创造时代。有人说，十七世纪被西方科学界誉为"天才的世纪"，中国晚明时期也同样天才辈出！明代多元开放的风气培养出这些科学大师：李时珍、徐光启、宋应星、徐霞客、方以智等。他们都通过亲身实践，促进了科学的发展，对人类历史做出了巨大贡献。李时珍《本草纲目》、徐光启《农政全书》、宋应星《天工开物》、方以智《物理

张遂辰与同学友人一起，形成了集讲学、医疗和研究于一体的钱塘医派。

小识》皆附有精美的插图。这些插图结合了科学与艺术，对传播各种知识的实际操作方法有极大的帮助。在那个没有照相机的时代，人们更该感激这些绘制插图的无名英雄。由此可知，这几位科学大师，不仅仅是要以书本展示他们的学问，更希望平民百姓，包括不识字的人，能够通过图片掌握知识。

明代科学家的成就不仅因为大量吸收前人的研究成果，同时还保持开放、怀疑的科学精神，且能融会中学与西学。他们抱着张载"为天地立心，为生民立命，为往圣继绝学，为万世开太平"的志向，以及王守仁注重民生的实践态度，努力不懈地为天下苍生整理、归纳出有益民生的知识。这些经由博学之士亲身实践的科学知识，是晚明时代留给我们的最丰富的文化资产。明代科学家是我们这一代人学习的典范。

李时珍

《本草纲目》：被达尔文评为中国百科全书

《进化论》作者达尔文评价《本草纲目》为"1596年出版的中国百科全书"，可知李时珍对人类文明是很有贡献的。原本我以为《本草纲目》在当年一定是本被书商立刻出版的畅销书。但事实上，此书完稿多年，都没有人愿意刊印。直到王世贞为他写序，才找到愿意刊行的出版商。

李时珍不只是一位植物学、药物学专家，查阅其生平可知，他还撰写了《濒湖医案》等各种临床医学著作。他最有名的《本草纲目》，从书名上来看只是研究"本草"，

李时珍（1518—1593），
字东璧，
晚年自号濒湖山人，
蕲州（今湖北蕲春县）人，
生于正德十三年，
卒于万历二十一年。

84

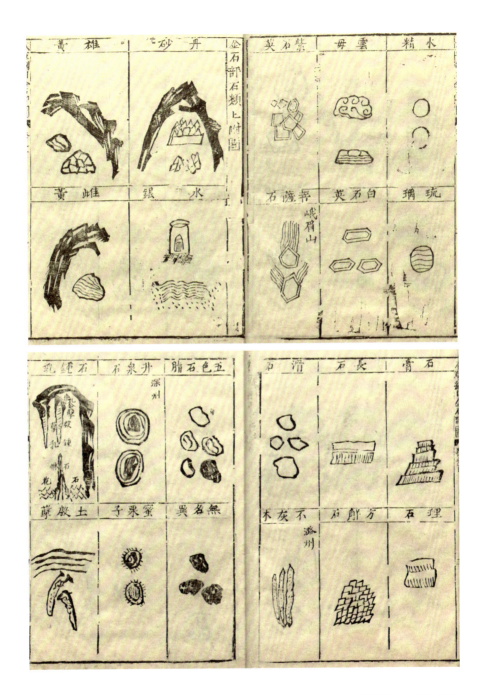

石部石类上附图

黄雄　丹砂

黄雌　水银

雌石英　云母　水精

石髓苦　白石英　琉璃

石钟乳　升泉石　五色石脂

土殷孽　蜜栗子　无名异

滑石　长石　石膏

不灰木　方解石　理石

峨眉山

深州

滁州

《本草纲目》，万历二十四年
（1596）金陵胡承龙刻本。

然其内容其实包罗万象，是一部药物百科全书，全书近两百万字，共分十六大类：水、火、土、金石、草、谷、菜、果、木、服器、虫、鳞、介、禽、兽、人。不仅仅是"本草"，李时珍全面地考察了人类日常生活及其周遭的事物。因此，称李时珍为"博物学家"，似乎更加妥贴。

李时珍的祖父是行走江湖的铃医，父亲也是家乡的名医。他幼年时生过一场大病，在父亲悉心诊治之下痊愈，自此对医学开始产生兴趣。李时珍十四岁成为秀才，但之后三次考举人都落榜，转而向父亲学习医术，立志重新整理《证类本草》（宋唐慎微著，李书即在此基础上删订而成），并且用"通考据""询野人"的方法，校正、整理了大量相关书籍，还采用了类似现代田野调查的方法，亲自记录所见所闻。

为了要让百姓能正确地认识药材，李时珍带着儿子和门徒，走遍大江南北，亲自考察，足迹遍及湖北、安徽、江西、湖南、江苏等地，采集了许多珍贵的药物标本；又虚心地向所到之处的老农夫、渔夫、樵夫和铃医请教，写下了数百万字的访问记录。他总结了十六世纪以前的药物学知识，重新分类药物和动植物，开创了当时世界上最先进的分类法。历经三十余年，他终于完成了《本草纲目》。《本草纲目》刻本一出，很快便流传到日本、朝鲜、越南等地。十八世纪到二十世纪，《本草纲目》又被译成多种语言，广泛流传。

李约瑟在《中国科学技术史》第一卷中写道："毫无疑问，明代最伟大的科学成就，是李时珍那部在本草书中登峰造极的著作《本草纲目》。"评价甚高。

潘季驯

"束水攻沙"，治理黄河的水利专家

潘季驯（1521—1595），
浙江乌程人，
生于正德十六年，
卒于万历二十三年。
补博士弟子员，
嘉靖二十九年（1550）进士。

有一次，我看国家地理频道"伟大工程巡礼"节目，其中介绍了中国建造青藏铁路的艰苦与成就。同时，我看到一篇报道说，青藏铁路使用束风攻沙的方法，来防止穿过沙漠的铁路受到沙尘干扰，而这个方法最早的发明人，正是明代的潘季驯。他提出筑堤束水攻沙之法来治理泛滥的黄河，利用因受堤防之限而增强的水势冲去河中淤泥。青藏铁路由于穿过沙漠地带，当代工程师也利用筑堤束水攻沙的原理，用集风的方式增强风力吹去沙子，使沙土不致堆积。

万历年间，黄河时常泛滥成灾，致使居民流离失所。内阁首辅张居正起用潘季驯来治河。他一生四次奉命担任总督治河，历时二十七年之久。黄河和淮河经他治理后，漕运多年保持稳定，后来他将治河经验写成《河防一览》。此书是古代最重要的河工专著之一，全书三分之二是总结从前治河的历史经验。他七十一岁时，还拖着病弱的身体亲自前往徐州、邳州、淮安等地沿河督察，由于行走不便，他只能抱病坐在船上，靠着意志力一一勘察受灾地区，并主持赈济灾民事宜。

潘季驯曾总结自己一生的治河经历说："自嘉靖四十四年至今，我四次以治河侍奉君王。我因治河而成长、衰老，早晚都为此劳心。有时我采纳民意，有时按亲眼所见的情况安排，有时运用以往的经验，有时验证于未

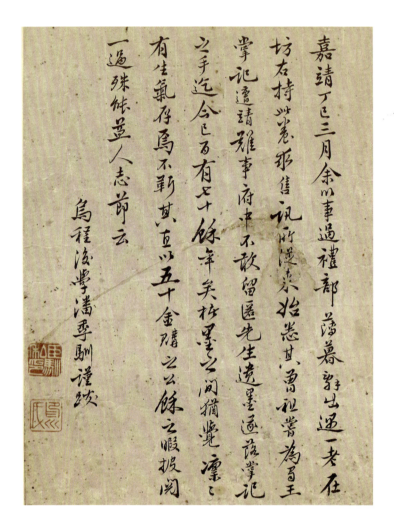

潘季驯《蜀王遗墨跋》。此跋乃书于明宗藩蜀王遗墨之后，表现出潘季驯宝爱前人书迹的心意。他的治河著作中提出的"束水攻沙"法，影响了现代青藏铁路的工程技法。

来。水有其性情，不可忤逆。河道也应有防备，不可松懈。地形受地势限制，不可勉强，治河有正确的方法，不可贸然开凿！"

我最近读到水利专家陆鼎言先生的文章，他说二十世纪二三十年代，潘季驯治黄保运的方略被介绍到国外，曾引发了一场河工界的学术之争。美国水利专家费礼门两度来华考察，当他获悉潘季驯治理黄河的事迹，深感"中国治河历史之渊远和治河思想之丰富"。当时的国际河工界权威、德国恩格斯教授对于潘季驯设置的缕堤之法，开始并不赞同，当他通过三次水工模型试验后所提出的四点建议，竟与潘季驯的治黄方略惊人的相似，不得不佩服潘季驯的先见。

首辅张居正去世后被论罪抄家，长子张敬修自杀，全家饿死十余口。潘季驯曾受张居正的提拔和重用，于是上疏给万历皇帝，说他对张居正一家判决过急，以致家中老小顿失依靠，连路人见了都心生怜悯。经过潘季驯建议后，张居正的母亲获释，朝廷为其保留了十亩土地以维生。

朱载堉
媲美达芬奇的科学全才

朱载堉（1536—1610），字伯勤，号句曲山人，生于嘉靖十五年，卒于万历三十八年。

1991年，我以家母之名设立"傅成贤音乐奖学金"，支持两岸的音乐学子。由于这样的因缘，我对音乐方面也特别关注。音乐家王光祈的《中国音乐史》中就曾提到了朱载堉的"十二平均律"，刘半农更说："惟有明朝末年，朱载堉先生所发明的十二等律，却是一个一做就做到登峰造极的地步的大发明……他的发明至少可以比得上贝尔的电话和爱迪生的留声机。"可惜我们收藏不到他的作品。明代藩王有他们辛苦的一面，生活上也有不少限制。朱载堉在父亲郑恭王朱厚烷谢世后，写了七道奏疏放弃藩王的继承权，让出爵位。万历皇帝非常感动，特别为他建造了一座牌坊——玉音坊，上面刻着"让国高风"四个字，一

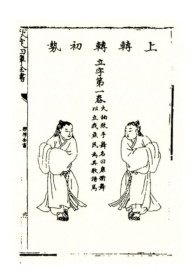

朱戴堉是乐律学家、音乐家、数学家、舞学家、乐器制造家、物理学家、天文学家、散曲作家，可谓"东方达芬奇"。

时间天下称颂，传为美谈。

明朝的宗室中人才济济，在诗词、小说、书画各领域都出现过名家。其中朱载堉在科学与音乐领域扬名国际，影响深远，尤为后人景仰。

朱载堉以自创的八十一档双排大算盘，以及以上等竹子制成的各种尺寸律管，经过反复的验证，在万历十二年（1584）刊行的《乐律新书》中提出"新法密率"，最先算出律管长度的比率为1.059463094359295264561825，精确到小数点后24位数，将八度音平均等分为十二个音，成功解决了千百年来八个音调的转调问题。这个理论也就是现代音乐学的"十二平均律"，可说是音乐史上重大的发明。直到1638年，法国科学家才正式提出"十二平均律"的概念，之后"十二平均律"被广泛应用在键盘乐器理论上，而巴赫谱写的著名的《平均律钢琴曲集》，则比朱载堉晚了将近一百五十年。

简单地说，"十二平均律"发明后，才有固定的调律作为调音的准则，记谱与作曲因此更为普及、方便。民国初年，中国人常以为"十二平均律"是西方人的发明，刘半农在民国二十二年（1933）发表了著名的学术论文《十二等律发明者朱载堉》，对中西"十二平均律"的发展作过研究，力证朱载堉是"十二平均律"的原创者。

朱载堉在地理学上也有重大的成就，他是历史上第一位算出北京地理位置的科学家。他还经过精密的计算，推论出计算回归年长度的公式，也因此修正了当时历法推算每年长度的误差。此外，在物理学上，他还精确算出了水银的比重。朱载堉的研究领域还包括乐器制造、舞蹈、文学、绘画等。二十世纪研究中国科技史的权威李约瑟称赞朱载堉为"中国文艺复兴的圣人"。

王征

第一位兼通中西的机械工程师

王征（1571—1644），陕西咸阳人，生于隆庆五年，卒于顺治元年。天启二年（1622）进士。

台湾"中研院"院士黄一农先生曾撰写专著《两头蛇》，介绍晚明天主教士人。我拜读后，开始对"西学东渐"及中国天主教有所了解。黄一农说，他编写了一部电影剧本，叫《天主与妾》，等待有一天能够拍成电影。这个剧本中提到了晚明信仰天主教的科学家王征，于是我对王征这个人产生了浓厚的兴趣。

王征的父亲王应选是一位私塾老师，对于教数学特别有心得。王征的舅舅张鉴善制器械，他七岁起随舅舅读书，因而对科学产生了浓厚兴趣。进京做官前，他在家乡教学、写书，改良农具与生活器具，曾发明改良水力、风力和载重的机械，俨然是个机械发明家。他曾参考诸葛亮的木牛流马，发明了自行车（样本），乡里都称他为"小诸葛亮"，这一发明比西方早了将近二百年。这在他的

《远西奇器图说》一书中都有记载。

王征从二十五岁起开始参加科举，五十二岁才考中进士。这一时期，他结识了传教士金尼阁、汤若望、龙华民、邓玉函等人，交往十分密切，还向他们学习科学，并成为第一个学拉丁文的中国人。他还协助金尼阁完成了《西儒耳目资》一书，是中国第一部用罗马字注音的语言学专著。王征还是第一批用西方语言知识研究汉语音韵的学者之一。

他根据邓玉函口授，译著了《远西奇器图说》一书。这是中国第一部介绍近代欧洲机械工程学、物理学的书。《四库全书总目提要》赞评"其制器之巧，实为甲于古今，寸有所长，自宜节取。且书中所载皆裨益民生之具，其法至便，而其用至溥"，说明《远西奇器图说》在当时是帮助国家富强和民生发展最重要又最简便的一本书。王征不遗余力地介绍西洋科学知识，其成就可与徐光启齐名，以致当时有"南徐北王"的称法。他也是中国第一批接受天主教的官员，与徐光启、李之

王征《溪山车马图》。风格取法北宋山水画。在王征的身上可以看到中国传统文化与西学的冲突，他迫于家庭压力而纳妾，但因笃信天主教，便不与妾过夫妻生活，两人相敬如宾。

藻、杨廷筠并称为"中国天主教四贤"。

王征也有管理与军事才能，他在进京会考时，曾以举人身份上书皇帝，愿以"布衣从戎"，他参考古代兵书写成《兵约》《客问》二书，提出制敌方略。他任直隶广平府推官时，拯救了无数受白莲教牵连的百姓；后补扬州府推官，瑞王、桂王、惠王三位藩王向百姓收取重税，王征向三王上疏免除百姓的徭役，三王皆敬佩他的为人，折节应允。当时大江南北都争着建魏忠贤生祠，只有王征和淮海道金事来复毅然拒绝，人称"关西二劲"。崇祯元年（1628），登莱叛将刘兴治作乱，王征以山东按察司金事监军辽海，到任数月后，斩刘兴治，收复了金、复、海、盖诸州。后因登州战事失利，王征自系请罪，之后获赦还乡。李自成起兵后，关中情况危急，王征与县令一同募兵守御。

崇祯十六年（1643），李自成占领西安，想征召王征出仕。王征拒绝，后绝食殉国。

涂绍煃

《天工开物》出版的关键人物

涂绍煃（1582?－1645），
江西新建人，
字伯聚，号映薇，
大约生于万历十年，
卒于顺治二年。
万历四十七年（1619）进士。

《天工开物》是大家耳熟能详的一部综合性科学技术著作，即便没有读过，也都从中学历史课本知道它的重要性。而这部书之所以能够付梓传世，是由于一个关键人物——涂绍煃。

通家侍生涂绍煃顿首拜
奉
候而左拟一浥秦淮水相对竟日
而弗获
命卑耿焉惆怅
万令君书当如

命再致菲忱既已断给又后申详
无不追此之理今后致书转觉
言烦听厌不如宽几许时再看
其追给何如相时观势或后为
兄作一书勿晚也何如：
操台批文书后即得暗语乃知

有禁实者有拘摄者政为
足下吐气且言初无拘摄之意亦
云为之吐气可耳便閒当贴书
万君为言此意不佞迄今未致
万君书不敢以此相语也此后再
为

兄一探讯可　贵从旋便布缕三不
悉
　　　名具正幅
　　　左冲

涂绍煃《与某人书》。内容应与审理案件之事有关。涂绍煃是宋应星《天工开物》的赞助人，也是熊文举的老师。

涂绍煃与宋应升、宋应星兄弟为同门，并同为万历四十三年（1615）举人，一起进京赶考，情同手足，日后又与宋应升结为儿女亲家。

涂绍煃是思想先进的知识分子，初入仕途就主张发展工业，在工部任职时，更增加了对科学的兴趣。他在四川、河南任官时，曾邀请宋应星前往当地做科学考察。

宋应星在《天工开物》序中说道，以自己的财力无法刊行这部书，但是"吾友涂伯聚先生，诚意动天，心灵格物，凡古今一言之嘉，寸长可取，必勤勤恳恳而契合焉。昨岁《画音归正》，由先生而受梓。兹有后命，复取此卷而继起为之，此亦夙缘之所召哉"。从这段文字可以知道，没有涂绍煃的解囊相助，就没有这部巨作的问世。崇祯十年（1637）刊行的《天工开物》是其最早的刻本，为表彰涂绍煃赞助出版之功，学界称此本为"涂本"或"涂伯聚本"。

顺治二年（1645），清军攻入江西，涂绍煃不肯归顺清廷，于是将族人托给宋应星照料，自己带家人出走，但船行到洞庭湖时突起大风，全家遇难。

涂绍煃在政治上倾向东林党，官宦生涯也有政绩，而他最终以《天工开物》赞助人的历史形象，为后代铭记歌颂。他的事迹让我体会到，我们或许当不了宋应星，却可以学习涂绍煃。或许并非每个人都有能力成就流芳百世的功业，但若我们愿意奉献自己的能力，成为伟大事业背后的推手，也能够有益全人类。

吴有性

从疫区经验实践发展出"瘟疫论"

吴有性（1582—1652），
字又可，号淡斋，
江苏吴县人，
生于万历十年，
卒于顺治九年。

　　几年前，我看了电影《大明劫》，其讲述了大明王朝面临兵祸与疾病的劫难与考验。电影中的两位主要角色是陕西督师孙传庭及晚明名医吴有性。故事的背景是崇祯十五年（1642），孙传庭抗击李自成军队，当时正逢瘟疫流行，史书记载染病死亡的人数高达二十万。吴有性用大规模隔离的方式来压制病情的传播，原来治理SARS所运用的隔离法早在明朝就已被实施。

　　吴有性提出瘟疫"非风、非寒、非暑、非湿，乃天地间别有一种异气所感"，并且归纳出有效的治疗办法，这真是划时代的贡献，可见明代医学思想是非常前卫的。崇祯十四年（1641），山东、浙江、南北两直隶地区爆发瘟疫，当时的医生以对待伤寒的方法来治疗瘟疫，误诊致使许多人命丧黄泉。吴有性说此病乃一种"戾气"，由口鼻而入，且具有传染性。虽然当时还没有病毒的观念，但吴有性能发现瘟疫经由口鼻传染，在细菌学说还没有形成以前，这是非常高明的判断。他参考古今医案，辨证瘟疫与伤寒的不同，提出许多实用的治疗方法。吴有性对疫病治疗贡献至大。他撰写的《温疫方论》是第一部瘟疫专书，自《温疫方论》出版后，医家治疗瘟疫才有了准则。

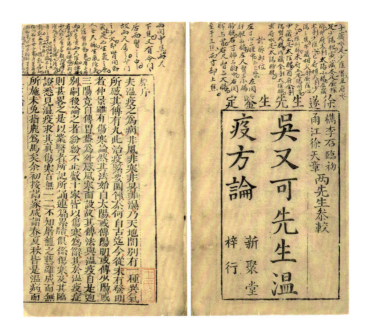

吴有性《温疫方论》选。他提出瘟疫来自由口鼻而入的"戾气",开启中医传染病学研究的先河。

徐霞客(1587—1641),名弘祖,字振之,号霞客,江苏江阴人,生于万历十五年,卒于崇祯十四年。

徐霞客

《徐霞客游记》:中国最重要的地理著作

徐弘祖以"徐霞客"之名为后人铭记。他的高祖父是江阴巨富,曾和好友唐寅一同赴京考试,被卷入会试舞弊案。也许因为这个缘故,徐霞客之父无意为官,隐于乡中。徐霞客年少时即与吴中名贤交游,例如东林党人顾宪成、高攀龙、缪昌期、文震孟等人。

徐霞客自幼喜欢阅读历史地理著作,并由此产生了亲自旅行考察的想法,但顾及老母在堂,不便远游,内心十分矛盾。他非常孝顺,初始的旅游活动总作"有方之游",

按时回家探望母亲，母亲也喜欢听他讲述旅游的故事。徐母经营纺织业，乐善好施且累积了大量财富，她认为"志在四方，男子事也"，不必被"父母在，不远游"的观念所限制，因此给徐霞客各方面的支援，并且要他每年回家讲旅游奇遇给家人听。我常想，这会不会就是《徐霞客游记》诞生的原因？

在长年的壮游生涯中，徐霞客也与不少人结下了珍贵的友谊，他的朋友陈继儒、黄道周、陈函辉，都是晚明文化史上的重要人物。徐霞客晚年卧病，听说黄道周被下狱，于是派大儿子亲赴探望。黄道周曾说，一生朋友甚多，唯有徐霞客堪称生死之交。

徐霞客的旅游，并非只是游乐性质的"游山玩水"，而是以生命注入其中的冒险活动。他没有登山鞋，没有防水衣，没有登山杖，没有生火用的瓦斯炉，更没有政府补助。这样的旅程，往往是在生命受威胁的状态下与大自然搏斗。然而他的探险行为并非盲目涉险，而是通读了史地著作后，有计划目的的按图索骥。

徐霞客曾说："凡世间奇险瑰丽之观，常在险处。"既告诉人们要有冒险精神，又鼓励人们追求美的体验。晚明文人钱谦益赞美《徐霞客游记》是"世间真文字、大文字、奇文字"；潘耒称徐霞客的"不避风雨，不惮虎狼，不计程期，不求伴侣"之游，是"以性灵游，以躯命游"。李约瑟评论：《徐霞客游记》读起来并不像十七世纪的文人所写的作品，倒像一部二十世纪的野外勘察记录。"

《徐霞客游记》是古代旅游文学中杰出的作品。徐氏深刻了解中国的地形地貌，并提出了明确的科学观点。他是世界上对石灰岩地貌作详细记录和深入研究的第一人。《徐霞客游记》也因此有多种语言的译本行世，深受世界各地读者的喜爱。2014年在上海展出这件作品时，一批研究徐霞客的专家还特地前来参观致意。

鉴于《徐霞客游记》的深远影响，徐霞客被称赞为现代旅游家的远祖，因此国务院以书中开篇的"癸丑之三月晦"（亦即1613年5月19日）为纪念，定每年的5月19日为"中国旅游日"。

《行书五律》

现存的《徐霞客游记》中，记录了万历四十一年（1613）四月和六月的游记，却独缺五月。此件作品记载了此年五月在扬州附近武塘之游，与前后月正好是同一路线。其中记载南方天空中有五色瑞云，武塘有个名为"和南"的园林，徐霞客在园中的"问道轩"暂泊，写下一首诗。他观察天空的景象，不是单纯欣赏美景，而是从地理学的角度记录气候现象。

徐霞客《行书五律》。此件书迹写于万历四十一年（1613）农历五月，可以补充《徐霞客游记》中缺失的部分。

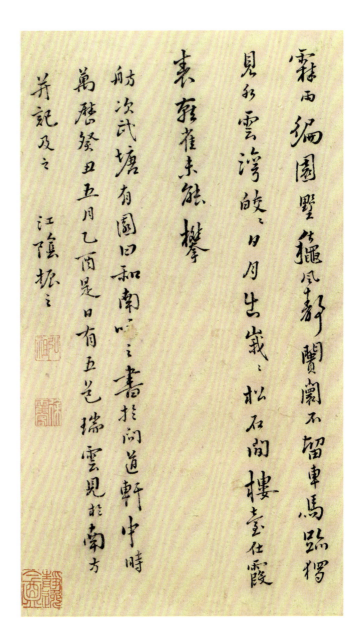

第四篇 | **思想与宗教**

在明代理学中，
保存了许多
自由倾向
（liberal tendencies）
的观点。

——美国哥伦比亚大学
荣誉教授狄百瑞
（William Theodore de Bary）

实学思潮　知行合一

　　明代最重要的思想家是王守仁，他不仅影响了整个明代中晚期后的思想，更是绵延至今。王守仁提倡"致良知"与"知行合一"，并说道"知是行之始，行是知之成"，此说传至晚明清初，影响了刘宗周、黄宗羲等大儒。这股实学思潮，促使许多科学家深入民间，进行调查、访问、观察、试验，写出了《本草纲目》《乐律全书》《农政全书》《徐霞客游记》《天工开物》等科学巨著；还推动了一批政治家和学者投身于各种改革事业，如徐阶、张居正、海瑞以及后来的东林党人士、复社成员等。王守仁的学说影响了日本明治维新时的海军大将东乡平八郎，他曾经打败清朝北洋舰队、击败俄国海军。这位被日本人称为"军神"的大将，随身佩戴了一枚印章，上面刻着"一生伏首拜阳明"，对王守仁佩服得五体投地。可以说，日本明治维新最重要的精神资源，就是阳明学。

日本海军大将东乡平八郎深受阳明学的影响，随身佩戴"一生伏首拜阳明"之印。图为王守仁画像。

　　此外，还有"前七子"王廷相偏向唯物主义的思想，否定佛道、扬弃理学，并且注重自然科学。他不赞成"性善"或"性恶"说，认为"性成于习"，意即人的本性是来自习惯的养成，主张应当让儿童在幼年时期就养成良好的习惯，这让我联想到现代的蒙特梭利幼儿教育。他认为知识应当来自见闻，必须在实践中练习，而非在书房中空洞讲读，其说值得现代学人反思。

主体意识觉醒

除了致良知、注重实学以外，明代中晚期，随着社会风气逐渐开放，重商的思想兴起，商人地位也逐渐提高，如上海浦东陆家嘴陆氏望族出身的陆楫。陆楫撰写的《禁奢辨》中就反对禁奢，他认为奢侈对社会有利。一个地区的生活奢侈，当地的百姓则易于维生。各种奢侈商业行为频仍，各行各业的"就业率"也随之增加，进而促进经济发展。

同时，个人的主体意识也觉醒了。李贽标举"童心说"，强调"情"的价值，突破了道德与禁欲主义的藩篱。妇女也在思想解放之列，明代白话小说"三言""二拍"中，有许多妇女自由婚恋或改嫁的故事。艺伎的社会地位也不再那么低微，其所来往的对象都是社会名流与知识分子。社会上结社集会的风气盛行，舆论相对自由，印刷技术进步与普及，各类书籍大量出版，也大幅提升一般百姓的知识水准、思想与文化。

三教一理　兼容宗派

圣严法师的《明代佛教研究》指出，明末是中国佛教复兴的时代，在中国佛教思想史上有重要地位。此时的佛教思想上承宋元，下启清民，将宗派分张归于统一。对教内主张禅净律密不可分割，对教外的儒道二教，更采取融通疏导的态度。此外，明末杰出而有影响力的僧人及居士，也几乎都有著述流传后世。他们不仅重视禅宗语录、教史的编撰，还从事经书的注释。明末佛教的兴盛，和高僧的文化素养有很大关系。再加上许多杰出的僧人都有相当丰富的宗教经验和高深悟道的境界，所以既能弘法当时，也能教化后世。

明末的四大高僧，云栖（莲池）祩宏、紫柏真可、憨山德清、蕅益智旭，在出家之前都是饱学之士。例如，莲池大师出身书香世家，十七岁曾中秀才；憨山大师幼师孔子，少时师老庄。他们都饱读诗书、博览儒释道经典，因此在弘扬佛法上持开放的态度，宣讲三教一理，主张调

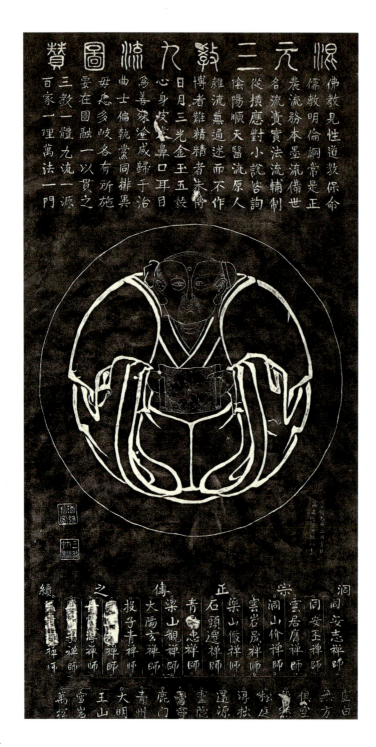

混元三教九流圖贊

佛教見性道教保命
儒教明倫綱常是正
農流貴本墨流備世
各流貴實法流輔制
從揜應對小說咨詢
陰陽順天醫流原人
雜流無通述而不作
博者難精精者難傳
者朱侔
日月三光金玉五穀
心身救渡鼻口耳目
為善錄惡
曲士偏執黨同排異
毋忠多岐各有所施
要在圓融一以貫之
三教一體九流一源
百家一理萬法一門

洞同安志禪師
同安丕禪師
宗雲居膺禪師
雲岩晟禪師
洞山价禪師
正石頭遷禪師
樂山儼禪師
青禪師
傳梁山觀禪師
大陽玄禪師
投子青禪師
之禪師
禪師
績禪師

朱载堉绘制《混元三教
九流图》，指出儒释道三
家本是一体，九流学派
同出一源。

和佛教各宗派的思想，融会贯通。

明清之际，很多遗民都选择逃禅，而不愿归顺清朝，我认为这也是因为明代佛教兴盛。

这些佛教高僧并不只顾着隐居修行，而是云游各地，深入社会各阶层弘法，同时也不忘行善济世。他们虽是方外之人，却仍避不开当时的政治风云。憨山大师无端被卷入朝中"国本之争"而被流放充军，一生颠沛流离。他的至交紫柏大师仗义救他，却被拘刑拷打，伤重圆寂。然而，他们淡泊守道、为国为教的牺牲奉献以及乐善好施的风范，始终为后世相传、景仰与师法，对佛教影响深远。

明代是思想开放、科技发达、文化创意高涨的时代，大师纷纷涌现。面对这些大师，我们应当表达最高敬意。晚明的佛教之所以被称为佛教的复兴，是由于僧人的人格魅力和弘法广度为其他时代所不能及。这些思想大师，引领时代思潮，成就了辉煌的文化事业。

李贽

思想启蒙大师

好几年前，我在台北中山纪念馆欣赏越剧《藏书之家》，剧情是一位名叫花如笺的姑娘，为了看"天一阁"的藏书，自愿嫁进宁波范家。李贽是范家范容的精神导师，为了收集李贽的著作，范容不惜倾家荡产、饱受苦难。而自称拥有李贽《焚书》的世交竟要求再嫁花如笺"以人换书"，使范容陷入两难。这出戏的剧情虽是虚构，却让我认识到李贽的《焚书》原来有这么重要的价值。

李贽是嘉靖三十年（1551）举人，曾任河南共城教谕、南京国子监博士、北京礼部司务、云南姚安知府，三年后弃官。他讨厌假道学，认为与其做伪君子，还不如当个市井小民、贩夫走卒来得踏实。

李贽（1527—1602），福建泉州人，生于嘉靖六年，卒于万历三十年。

李贽提出"童心说"，主张人该保持赤子之心，表达自己真实感受。他在家乡教书时，不仅收男学生，也收女学生。有人认为女人没有见识，不如男人，李贽却不同意。他认为像汉代卓文君年轻时就守寡，她后来决定再嫁司马相如，是很正确的做法。李贽的想法和当时大多数人都不同，表现出对传统封建礼教的反抗。他可说是明代思想的改革先驱。

李贽晚年到北京附近的通州传播他的思想，后来朝廷认为他妖言惑众，以"敢倡乱道、惑世诬民"的罪名将其下狱。李贽的老友汤显祖听闻好友下狱，写信给大学士冯琦，希望他出面营救。后来朝廷未判李贽死刑，而是改判他遣回原籍，由地方官监管。李贽听到判决，感慨地说："我年七十有六，死以归为？"便在狱中夺剃刀自刎而死。

李贽的《焚书》在晚明大为畅销，书中内容主旨是反对迷信与盲从，也反对一切的偶像崇拜；提倡尊重个性，强调"合乎民情之所欲"；揭露和批判"假道学"，并主张"童心说"。李贽在明末被视为"异端"，但他的思想对后世影响很大。汤显祖创作《牡丹亭》就深受"童心说"的影响，开启了明末追求个性解放的风气。

刘宗周

曾任"北京市长"的理学名臣

刘宗周（1578—1645），
浙江绍兴人，
生于万历六年，
卒于顺治二年。

我收藏有一件刘宗周写给学生的信札，内容是教学生怎样养生，不要误用偏方，要爱惜生命。他自己却在南明灭亡后，选择以绝食的方式结束自己的生命，这种坚定意志力令人震撼，我读了他的作品，非常感动。

刘宗周出生前，他父亲就去世了，靠母亲一手抚养长大。外祖父章颖很有学问，徐阶、陶望龄都是他的学生。刘宗周幼年跟着外祖父读书，后来考中万历二十九年（1601）进士，因服丧家居七年后才补官，期间拜许孚远为师。许孚远教导他要时常自我督促，并节制欲望，同时提醒他做学问不只是了解知识，更要注重实践。

刘宗周后来受朝廷起用为行人，其人为官刚正，敢于直言上谏。天启年间，他因得罪太监魏忠贤，被削籍为民。崇祯皇帝继位后，他替杨涟、左光斗等人平反冤情。崇祯二年（1629），刘宗周任顺天府尹（相当于北京市长），任内上疏请求减税，并设立特区给贫民居住，还订立保甲法，安顿北京一带的流民。南明时，刘宗周还当过福王的左都御史，负责监察文武百官有无怠忽职守，后因直言参劾马士英、阮大铖，被罢官归里。

刘宗周一生致力于读书与讲学，他创办"证人书院"，后来和陶奭龄一同在此处讲学。著名学者黄宗羲、陈确都是他的学生。刘宗周修正了阳明学，标举"慎独"为最重要的道德修养方法，希望通过内省来收拾人心，使人人都能向善，以解救混乱的世道。

顺治二年（1645），多铎率清军攻陷杭州，六十八岁的刘宗周当时正在吃饭，听到消息后推开餐食，放声恸哭，决定绝食殉国。他的学生劝他："死若对天下有益，那么可以死。但若死对天下无益，为什么还要轻易舍弃这个有用的身体与生命呢？"刘宗周回答道："我早已知道应该图谋起事，而非自杀，但我已经老了。"他在绝食二十日后逝世。

適當以蓋菜揣計和臺使飲如此法後立斃言邑也

蓋人之而殷血等孔老方寸之地孤匡邑堪如此充代書

宗周拜

忝不職竟弗詿徐公口不言釋山著矣卻雲□吾申叮嚀

乙酉二月二十一日

刘宗周《与祝渊书》。此信札末记有时间"乙酉二月二十一日",为顺治二年(1645),即刘宗周绝食殉国之年。他是浙东学派的重要代表人物。

黄宗羲

民本思想早于卢梭

黄宗羲（1610—1695），
浙江宁波人，
生于万历三十八年，
卒于康熙三十四年。

　　根据记载，黄宗羲的长相有古人风范，但有点口吃，体格强壮，力能扛鼎。他从小遍读史书，并跟随大儒刘宗周学习。黄宗羲的父亲黄尊素为东林党名士，但被魏忠贤陷害而死。黄宗羲的一生，经历了孤儿、孤臣、遗臣的身份转变，最终成为一位大儒。

　　黄宗羲十九岁时，祖父过世，便一个人前往北京，打算为父亲报仇。当时崇祯皇帝刚即位，正全力铲除魏忠贤党羽。魏忠贤自杀后，他的手下受审，黄宗羲也参加了会审，并冲上前去，用事先藏好的铁锤，将许显纯打得鲜流直流，再痛打崔应元，将他的胡须扯下来，拿回家放在他父亲的牌位前祭祀；接着又追杀虐待其父致死的两位狱卒。后来黄尊素的冤情昭雪，黄宗羲便回乡读书结社，并遵照父亲遗愿，拜刘宗周为师。清军南下时，他召募义兵，成立"世忠营"，武装抵抗清军，并被鲁王任命为左

浙江宁波范氏"天一阁"

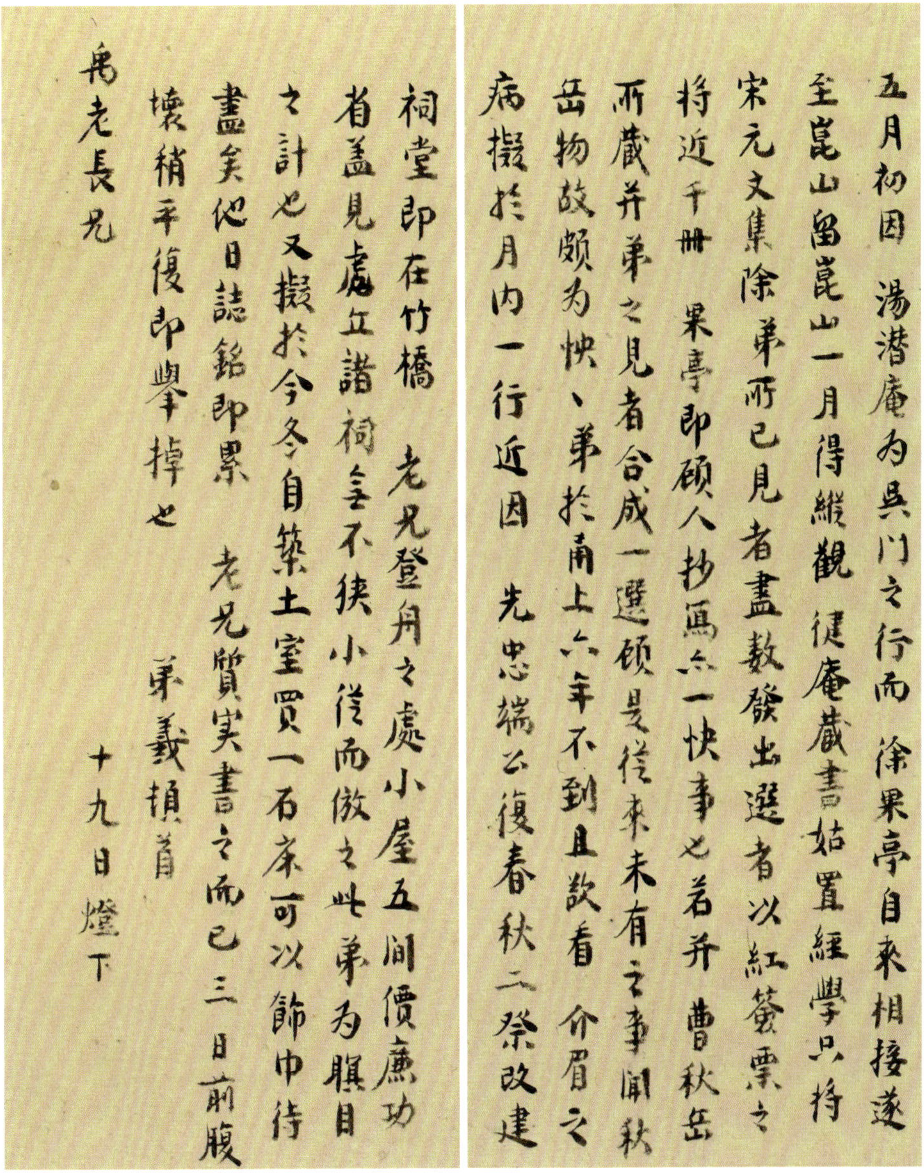

五月初因　湯潜庵為吳門之行而　徐果亭自來相接遂
至崑山留崑山一月得縱觀　健庵藏書姑置經學只將
宋元文集除弟所已見者盡數發出選者以紅籤票之
將近千冊　果亭即碩人抄寫六一快事之若并曹秋岳
所藏并弟之見者合成一選碩是後來未有之事聞秋
岳物故頗為快、弟於甬上六年不到且欲看　介眉之
病擬於月内一行近因　先忠端公復春秋二祭改建

祠堂即在竹橋　老兄登舟之處小屋五間價廉功
省盖見處立諸祠全不狹小徑而倣之此弟為賟目
之計也又擬於今冬自築土室買一石牀可以餙巾待
盡美他日誌銘即眔　老兄質實書之而已三日前腹
壞稍平復即舉掉也　　　　弟義頓首
耑老長兄　　　　　　　　十九日燈下

黄宗羲《与郑梁书》。黄宗羲曾破例
登上浙江范氏的"天一阁"看书，
所著《明儒学案》开浙东史学研究
风气。

副都御史。明亡后，他隐居著述，屡次拒绝清廷征召。

黄宗羲读书极广，他家的书都读完了还不够，再向同乡的藏书家借书看，更南游到许多著名的藏书楼看书。康熙七年（1668），黄宗羲接受宁波学者之邀，在白云庄"证人书院"讲学。在宁波期间，他还在著名藏书家范钦曾孙的帮助下，破例登上原本不让外人进入的"天一阁"藏书楼，这在当时是轰动全国的大事。他不仅翻阅了楼中全部的藏书，还亲自编著《天一阁书目》，撰写了《天一阁藏书记》。

黄宗羲学问广博，天文、算术、乐律、经史百家以及释道之书无不研读，史学方面的成就尤其大。他所著的《明儒学案》，开浙东史学研究风气，是中国第一部学术史。另一部著作《明夷待访录》所记载的思想更具备了现代民主的雏形。他反对君主专制，也不认同君臣之间的尊卑关系，君王不该高高在上，而臣子则是君王的分身，两者都应尽自己的责任。国学大师梁启超曾说："我自己的政治活动，可以说是受这部书的影响最早又最深。"他还赞叹黄宗羲的思想说："原来我们国家还有比卢梭更早的这么先进的思想。"

方以智

传说中洪门天地会的创立者

历史学家侯外庐先生评价方以智："他是明末复社领袖之一，政治活动家，自负要提三尺剑，纠集志士，改造黑暗世界。"方以智出身桐城方氏世家，为"明末四公子"之

方以智（1611—1671），安徽桐城人，生于万历三十九年，卒于康熙十年。

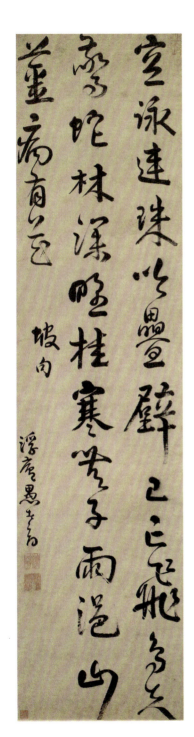

方以智《录苏轼〈和白居易天竺寺诗〉》。此作抄写苏轼唱和诗之颔联与颈联。有一说，方以智或许是洪门天地会的创立者。

一。十二岁时母亲过世，由姑姑方维仪教养。他的祖父方大镇、父亲方孔炤都对《易经》颇有研究，也都学习西方天文学，方以智更在九岁时就曾随父亲与熊明遇讨论西学。方家藏书丰富，他承袭父祖研究易学衣钵，是晚明重要的哲学家和科学家。

除了家传的易学，他在京为官时，也接触过传教士汤若望、毕方济，向他们学习西学，他的三个儿子皆以汤若望为师。但方以智虽接触西方，却不是一味接受。他具有实验精神，还找出西方科学的问题，设法解决。

他写的《物理小识》被誉为"十七世纪罕有伦比百科全书"，书中记述了大量动物学、植物学知识及作物栽培、管理方法。书中附有精美插图，结合了科学与艺术，在那个没有照相机的时代，对传播各种知识的实际操作，有极大的帮助。他的另一本著述《通雅》，提出了汉字拉丁语拼音的主张，比五四时期钱玄同等人的主张早了三百年。这些成就展现晚明科学思想的丰厚成果，以及方以智集其大成、承前启后的重要贡献。

方以智在崇祯十三年（1640）中进士，被选为庶吉士，在京为官。崇祯皇帝自杀

113

后，他在灵前痛哭，被李自成的农民军抓住严刑拷打，但他始终不肯投降，趁乱逃到南京。他在江西结交的许多朋友都和反清复明有关。浪迹一段时间后，他在梧州追随觉浪道盛法师出家。他的哲学著作有《东西均》《易余》等书。方以智现在获得的评价愈来愈高，俨然可和王夫之、黄宗羲相比。清代大学者江永评价方以智为"真孝子、真忠臣、真才子、真佛祖"，对他推崇备至。

顾炎武

天下兴亡，匹夫有责

顾炎武的母亲王氏16岁丧夫守寡，独力抚养儿子成人。她白天纺织，夜晚陪儿子读书到半夜，并以岳飞、文天祥、方孝孺忠义的故事教导他。后来顾炎武以捐纳成为

顾炎武（1613—1682），
江苏昆山人，
生于万历四十一年，
卒于康熙二十一年。

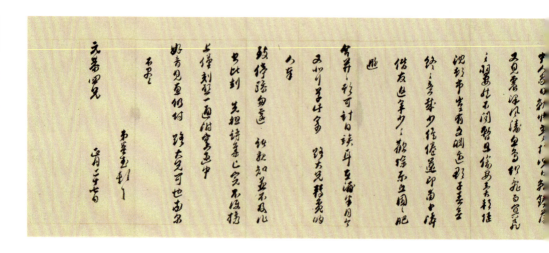

国子监学生。据说他眼珠中白边黑，性情耿介，不合于流俗，与同里归庄是好朋友，人称"归奇顾怪"。明亡后，他还遵从母亲王氏"无为异国臣子"的遗命，终生布衣。

顾炎武热爱读书，手不释卷。他不仅钻研古书，更重视实地考察和记录，以行动印证"读万卷书，行万里路"的古训。顾炎武外出游历将近二十五年，总带着两匹马、两头骡子驮着书跟在其后，每到边关要塞，就向当地的老兵和居民，询问该地的历史沿革。如果听到的和他所知道的知识不吻合，就找个旅店茶房坐下，打开书本做笔记、进行校勘。有时他骑马走荒野，没别的事做，就在马上边骑边看书，默诵群经注疏。若偶有遗忘的，就赶紧找出书本，一遍遍熟读，还曾经因此不慎坠落深谷。顾炎武以实作与田野调查的资料为基础，写了《天下郡国利病书》，指出中国救亡图存之道。

顾炎武还撰写了一本《日知录》，他说："士大夫之

顾炎武《与元恭（归庄）书》。信文中认为归庄之诗稍流入宋调，应该"通经学古，以救时行道"。

无耻，是谓国耻。"还说："易姓改号，谓之亡国；仁义充塞，而至于率兽食人，人将相食，谓之亡天下。"顾炎武认为，应当先"保天下"，即是注重人伦礼仪，才能"保国"。若是忽视了基本的人伦与礼法，就算国家还在，天下也已经亡了。顾炎武还曾说："保天下者，匹夫之贱，与有责焉"，梁启超将它改写为"天下兴亡，匹夫有责"。

云栖袾宏

影响近代佛教的净土宗八代祖

我读《剑桥中国史·明代卷》其中有一段评论晚明佛教："虽说晚明四大师如山峰般傲然屹立，但他们不像先前时期的著名僧人，并不是与世隔绝的个体存在，而是领导着一个充满活力，并自我维持的佛教僧人与民众信徒的社团。"文中的关键字"充满活力""自我维持""佛教僧人与民众信徒"，不就是当代人间佛教的特征吗？当前的佛教志业也正延续着晚明这股力量，以慈悲之心及实际行动传播于社会的每个角落。而在晚明的高僧中，云栖袾宏从事的社会志业让我非常佩服。

云栖袾宏出身名门，一心想走读书当官的道路，却屡遭挫败。二十七岁遭遇丧妻亡儿之痛，兴起出家念头，但母亲坚持为他再娶汤氏，不久后父母相继离世。三十一岁那年，对汤氏表明出家心意，云栖袾宏于是以父母、妻儿、官爵、富贵、文名、宴乐为题，写了著名的《七笔

云栖袾宏（1535－1615），又称莲池大师，俗姓沈，浙江杭州人，生于嘉靖十四年，卒于万历四十三年。

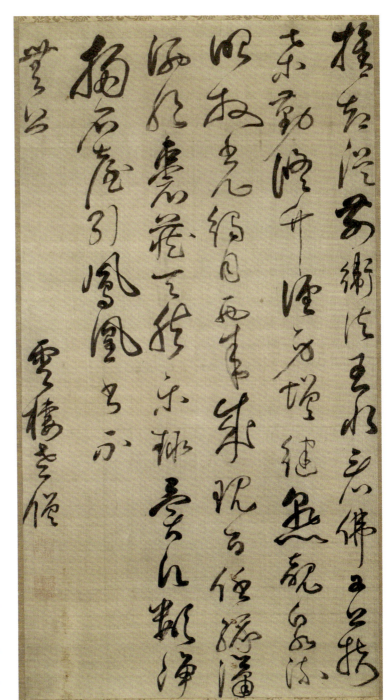

云栖袾宏《行书七律》。此诗所赠的对象为出家人，应是参禅开悟的得道高僧。云栖袾宏积极从事社会救济，影响了晚明以来的中国慈善事业。

勾》，了结世间七种缠绕的思绪，祝发出家。汤氏乃深明事理的女子，随后，也受感召出家。

隆庆五年（1571），云栖袾宏回到浙东，发现杭州云栖山幽寂，于是结茅安居于此，此后主持云栖寺四十多年。他以戒为基础，协调各宗派，平时生活朴素，但对四周居民信众，却发挥济贫救难的慈悲心，从事放生、收弃婴、葬尸体活动，影响了居士佛教的风气。稍晚的祁彪佳等人从事的社会救济，也是这股风气的延续。云栖袾宏弘扬净土宗，为第八代祖，主张老实念佛，这与现在台湾的净土宗是一致的。

据载万历皇太后读到云栖袾宏的《放生文》后激赏不已，特派使者咨问法要。云栖袾宏的影响不仅在佛门，朝野名士也受他极大的影响。憨山德清大师更推许他为佛教界的周公、孔子与乘愿而来的应身大士。清朝康熙、雍正、乾隆三帝南巡时，多次造访、捐资、赐联匾予云栖寺以为表彰。

云栖袾宏一生菩萨心行，教化人心，给予明末动荡社会下的百姓无限光明。2014年我们在上海展出"万历万象"明代书画展时，有位学者看了云栖袾宏的作品后大受感动，双手合十向他的书迹顶礼膜拜，这也是古贤人格对现代人的感召与启示吧！

雪浪洪恩《五言诗扇》。诗作造境新颖，颇为动人，衬托出淡淡的心绪，意味悠然。雪浪洪恩为于右任最推崇的晚明诗僧。

雪浪洪恩

代表佛教与利玛窦辩论

雪浪洪恩（1545－1608），
俗姓黄，一字雪浪，
江苏南京人，
生于嘉靖二十四年，
卒于万历三十六年。

在我办公室的进门处，挂着一件当代草圣于右任的草书立轴，"屋后一湾流水，门前几点青山，云去月来桥上，鸟啼花落林间。"这是晚明高僧雪浪洪恩的诗，点出了一种心境澄明的生活观。右老曾说："明朝诗僧众多，当推雪浪为第一人。"或许受到雪浪洪恩的影响，右老的诗总是浅显易懂，却又意境深远。

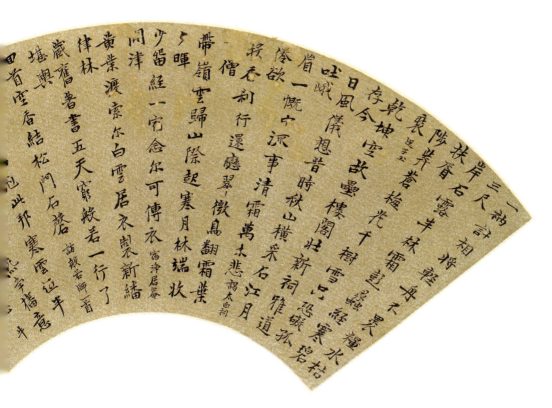

雪浪洪恩一生致力于弘扬《华严经》，十二岁在南京大报恩寺出家，跟随无极悟勤大师修习，十八岁时已担任副讲，以弘传贤首宗学为己务。他仪表堂堂，重瞳隆准，高大伟岸；好学深思，除研读佛经外，还兼修儒典及子史、唐诗等，每当登山临水，逸兴一发，当会吟咏诗篇以抒情怀。

南京大理寺卿李汝祯讲学主阳明"性无善恶论"，于万历二十七年（1599）邀请利玛窦与雪浪洪恩就佛教与天主教内容进行一场辩论，堪称晚明东西方文化交流的一大盛会。在利玛窦的眼中，雪浪洪恩是一位"热情的学者、哲学家、演说家、诗人，十分熟悉他所不同意的其他教派的理论"。随后利玛窦将此次讲论的内容写在《天主实义》的首篇。

雪浪洪恩晚年退居于雪浪山中，开接待院，白天随众作务，晚上则点灯说法，自律甚严，法席非常盛。后因劳累成疾，在示寂之前，淋浴端坐，说偈而逝，葬于雪浪山，世寿六十四岁。

雪浪洪恩及其弟子在传播思想的方式上，兼顾了说法、注经、诗词，以一种活泼生动的方式，让佛法深入人心。他一生说法三十余年，弟子众多，能继其志者数以百计，秉法转教者更逾千众。憨山德清与雪浪洪恩同侍无极大师，亲如兄弟。憨山德清评价雪浪洪恩的影响说："公之弟子可数者，多分化四方，南北法席师匠，皆出公门。"可见雪浪洪恩在佛教界的影响力。

憨山德清

济贫救难的晚明高僧

憨山德清（1546—1623），俗姓蔡，字澄印，号憨山，安徽全椒人，生于嘉靖二十五年，卒于天启三年。

1991年，华东地区水患，我参与慈济的赈灾团队前往安徽全椒赈灾，之后收藏到高僧憨山德清的书法作品。他是安徽全椒人，其《好了歌》开头写道："红尘白浪两茫茫，柔和忍辱是妙方。"我心里想，原来我和他有这份因缘！憨山德清是一位全身心投入社会救济事业的僧人，他曾经拯救五台山的树木，赈济山东大饥，由于和李太后关系良好，其影响力也非常大。

憨山德清是南京栖霞山云谷法会禅师的学生，因为受到万历朝立太子的"国本之争"牵连，其一生颠沛流离。万历皇帝十六岁大婚，三年后仍无子嗣，母亲李太后非常担忧，特地派人至山西五台山设立祈储道场，请憨山德清主持法会。法会结束后次年，皇子诞生，李太后认为是憨山德清的功劳，他因此闻名遐迩。

李太后为感谢憨山德清主持法会，派宦官致赠三千金让他建庙。这时，山东发生大饥荒，憨山将这笔钱全数施舍饥民，款项都有账册记录。由于"国本之争"事件发生，李太后支持皇长子立储，万历皇帝则喜欢皇三子。又因万历皇帝信仰道教，对宫中使者经常为佛事奔走而不满。万历二十三年（1595），皇帝便以侵吞国家库银的罪名，下旨逮捕憨山德清。虽然经审判查明皇太后所布施的款项全部都用于赈灾，皇帝却以私建崂山寺院为由，将憨山德清流放到雷州半岛（今广东湛江）充军。

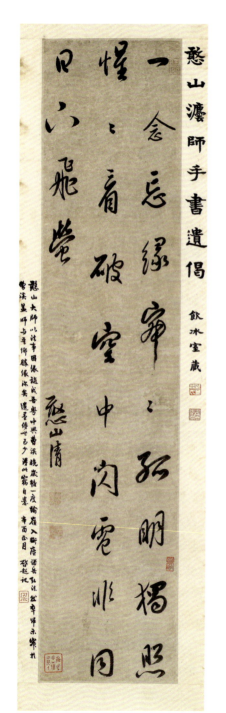

憨山德清《行书六言诗》。此件作品表现僧人开悟后的境界。憨山德清积极赈灾，开创广东佛教风气。

憨山大师的金身至今仍存，与六祖惠能大师并置于广东韶关南华寺。
（图片来源：中华禅宗网）

　　五十岁的憨山德清到了雷州，正值当地严重旱灾，饿殍遍野。于是他发动群众掩埋尸体，亲自登坛举行超荐法会，并穿罪犯服登上法座，为大众讲说佛法，开创广东的佛教风气。万历二十八年（1600），憨山德清受太守迎请回到曹溪（今广东韶州），重兴唐代神宗六祖惠能所创建的宝林寺。憨山德清在弘法上，宣讲儒释道三教一理，主张禅宗、净土宗双修，为明代"四大高僧"之一。他的肉身像和六祖惠能一同保存在南华寺。虚云法师在礼拜憨山德清的肉身像时曾说："今德清，古德清，今古相逢换了形。佛法兴衰听时节，入林入草不曾停。"认为自己是憨山德清转世再来。

觉浪道盛

众多明遗民追随的禅宗大师

觉浪道盛（1592－1659），
福建柘浦人，
生于万历二十年，
卒于顺治十六年。

觉浪道盛于崇祯八年（1635）开法于福船寺，迁住庐山园通寺三年，后入主南京天界寺，与名士、官员、遗民往来密切，方以智、杨廷枢、屈大均、髡残等人，都是他的弟子。

有一次，杨儒宾教授来到我这儿，他看到觉浪道盛的作品，盛赞书迹珍贵难得，并赞叹觉浪道盛对晚明佛教的影响非常大。佛教史学者廖肇亨教授评价觉浪道盛是"继万历三高僧之后，明清之际佛教业林最有原创性的理论家"。觉浪道盛才华洋溢，不但引儒入禅，甚至小说、戏曲都是他讲禅的题材，生动活泼，屡发新意。他对戏曲特别感兴趣，曾说过"尽大地是一戏场"，"世人全身是戏"，每个人都是自己生命中的主角。这让我联想到，慈济大爱

觉浪道盛《七律诗扇》。扇面内容歌颂大护法参禅有成，并且对寺庙鼎力相助。觉浪道盛入世济人的宗教情怀，使其思想更显深刻。

电视台所呈现的故事，也都是真实的生命体验，相当符合觉浪道盛的思想。

＊"药地"是方以智的号，"药地炮庄"意为"方以智解释的《庄子》"。

不同于晚明诸家从知识面出发，形成会通儒、释、道三教的浪潮，觉浪道盛会通是以再造新生命为出发点，其目的为在刀兵水火中解救苦难的伤心人。这种入世济人的宗教情怀，使得觉浪道盛的思想更显深刻。觉浪道盛提出庄子是儒家正宗血脉的说法，方以智的名著《药地炮庄》＊，就是继承觉浪道盛的思想写成的。

破山海明

为救苍生破酒肉戒的高僧

破山海明（1597—1666），
俗姓蹇，
生于万历二十五年，
卒于康熙五年。

多年前我读李敖《北京法源寺》，其中提到破山海明和尚弘法时，为救苍生不惜喝酒吃肉的事迹，令我非常佩服。李敖说，破山海明是第一流深通佛法的人，因为他真能为了百万生灵，破如来一戒。他影响了晚明整个中国西南的佛教传播，法脉至今已传承近三百五十年。

破山海明十九岁出家，嗣法临济宗高僧密云圆悟，长期在四川弘法，使临济宗在四川得以发展，并开创了双桂派（也称破山派）。顺治七年（1650），张献忠部将李占春屯兵四川涪陵。他以嗜杀出名，人称李鹞子。李占春久仰破山海明大名，于是延请他到军营说法。在宴席上破山海明劝李不要屠害生灵，李占春就将肉推到他面前说："和尚如果吃肉，我就封刀不屠城。"破山海明合掌一拜，凛

破山海明《草书七言句》。此作钤印"破山老人"，当是其晚年书迹。破山海明吃肉救苍生，影响了晚明整个中国西南的佛教传播。

然回答："老僧为了百万生灵，何惜如来一戒？"于是把肉吃了。李鹞子吓了一大跳，随即号令将士不得滥杀无辜，百姓生命得以保全。正如史料所记载："宰官拜其座下，将军奉其教律。"又因他为了百姓的生命破戒吃荤，史称"逆行菩萨"。破山海明当时在西南的影响是非常大的，由于当时西南地区有清军、南明军、农民军等各方势力，他们都敬佩破山海明为百姓破戒之举，于是禁杀，因此拯救了无数生命。直到西南局势已稳，他才回复茹素。

破山海明在诗、书、画上都有很高的造诣，灵动活泼的草书尤其受到时人喜爱，索字者无数。这件草书轴，描写在山涧静听风声，在雨中看着遥远的桥头山色的场景。行笔洒脱，结字简约，不羁之气溢于纸上。

第五篇 | 艺术与文学

《三国演义》《西游记》
《水浒传》《金瓶梅》，
四大奇书这样的文体绝
不是附属于里巷的通俗文艺，
而是晚明士大夫文化的
一个不可或缺的组成部分，
是一种深刻地反应了
当时的文化潮流的精致文艺。

——汉学家浦安迪
（Andrew H. Plaks）

昆曲：人类非物质文化遗产

2004年4月，白先勇改编的青春版《牡丹亭》在台北首演，我很荣幸能躬逢其盛。全场满座，席间还有不少高中生和大学生，都看得目不转睛。表演结束时，全场观众都激动得起立鼓掌，大声叫好，喝彩久久不停。同年七月，《牡丹亭》移师苏州大学演出，我正好人在苏州，受邀前往观赏。表演的场地是未整修前的大礼堂，还是水泥地板，和台北的剧场比起来旧了些。因为人太多位置不够，后排观众坐的是板凳。开演前，有些学生还低头打着手机，我心里真为这场表演担心！但是开演之后，观众一个个听得入迷，全场鸦雀无声，表演的效果及观众的反应都是上乘。我感动到不行，怎么会有这样一种艺术，不管在什么样的舞台上表演，都能如此震撼人心！

昆曲的特色是"无声不歌，无动不舞"。白先勇曾说："昆曲无他，得一'美'字，词藻美、舞蹈美、音乐美、人情美，这是一种美的综合艺术，是明清时代最伟大的文化成就之一。"白先勇改编青春版《牡丹亭》，结合古典与现代，缔造了昆曲舞台的新形象，并在全球演出了两百场，观众达到三十余万人次，几乎场场满座，而且青年观众占了六七成。青春版《牡丹亭》一出，昆曲观众年龄下降了三十岁。2011年，白先勇在台湾大学开设"昆曲新美学"课程，出现二千四百人抢四百名额的盛况，可见这五百年前的剧种——昆曲，其火种并没有熄灭，反而增加了更多生力军。

昆曲在晚明解放思想的氛围下萌发、茁壮，《牡丹亭》题词中写道："情不知所起，一往而深，生者可以死，死者可以生。"重视"情"的价值，尽情发挥个人情感、张扬主体性的态度，来自于撰写剧本的知识分子。汤显祖、高濂等人，他们倾心编纂剧本，为的是要创作出好的作品，让人心醉神往。而昆曲表演，更能传达教化思想，有社会教育的功能。这些剧作家又同时身兼导演，在舞台表演、灯光布景上下足了功夫，使昆曲演出的品质大大提升。由现代的观点来看，这些人都是大编剧、大

昆曲《牡丹亭》创作于1598年，描写闺秀杜丽娘与书生柳梦梅的爱情故事。

（图片来源：Antonis SHEN）

导演，而他们留下的昆曲艺术，更是最好的文化资产。

现代的昆曲表演，已经随着时代更迭，有大幅度的改良。大原则是"尊重古典而不因循古典，利用现代而不滥用现代，古典为体，现代为用"，以便现代的年轻观众欣赏与理解。在戏曲舞台中，观众也是表演的一部分。我们为传统文化尽一份心力的最好方法，是亲身去参与、支持。青春版《牡丹亭》以一出戏振兴了昆曲，它成功的原因在于结合了学术界、文化界、戏曲界的各项资源，这种跨领域结合的推广形式，也给予时人很大的启发。

书法：浪漫书风，气势恢宏

近年来，中国古代书画拍卖市场活跃，晚明书画受到前所未有的重视。我在其中发现了一个有趣的现象：晚明书画家的作品富有创意，而且气势恢宏，与现代人的收藏品味一拍即合，价格水涨船高，跳脱了清宫收藏目录《石渠宝笈》的框架，开出自己的一条道路。

晚明的书法，时代性极为鲜明，个性书家辈出，易于展现感情的行草书尤为兴盛，这是中国书法史上独具特色的现象。他们把自己对身世与国家的感受，幻化成激烈奔放的笔墨线条，从而形成每位书家极为鲜明的个人风格。而他们笔墨的张力，也让后世的观赏者，感动于线条与水墨的触动，也产生了对晚明这一时代及时人浪漫的遐想。

晚明社会经济发达，建筑样式变革。由于房屋建得又高又广，高堂大轴的装潢形式便流行起来。而在书法内容方面，讲起晚明书法风格，往往以"浪漫书风"来标示，泛指以草书作为创作书体的一种时代风格。它的特质包含连绵草书、飞白、涨墨、雄强刷动的笔力、开合错落的结字、动态崎岖的中轴线等，充满强烈的视觉张力。高堂大轴的尺幅，显示当时人已经意识到公开展示的需求；充满动态的画面，也暗合了现代美术馆的展出效果，因此受到当代书法家的青睐。

晚明时期在中国书法史可说是一座高峰，我们所熟知的王铎、张瑞图、倪元璐、董其昌、黄道周等人，受到个性解放思潮的影响，都有强烈的个人风格和极具变化的书风表现，显示了晚明书法的生命活力。

绘画：十七世纪的中国绘画独步全球

我在温哥华时，由于收藏了董源《溪岸图》的明代摹本，曾受邀到中国绘画史专家高居翰（James Cahill）教授家中，目睹了他汗牛充栋的藏书。他善用现代的照相与电脑科技来辅助研究工作，让我非常佩服。关于晚明绘画，高居翰在哈佛大学的诺顿讲座（The Charles Eliot Norton Lectures）中曾说道："即使在世界艺术史上，欧洲十九世纪以前的画坛，也都难与十七世纪的中国画坛媲美。"十七世纪的中国，是绘画创作最繁荣的时代。

就画题来讲，我之所以喜欢晚明绘画，是因为画中表现了文人生活与市井百态，这样的情境有别于清初四王单纯追求笔墨的抽象表现，在题材上多了些"人味"。

明清鼎革之际，画家多为遗民，画风趋于幽冷，有鲜明的逸品格调。石涛、八大山人、黄山画派、金陵画派的绘画，清内府皆少收藏。但他们的艺术性与重要性不可磨灭，值得我们重新认识。我尤其喜欢金陵八家，这群在明亡后活动于明朝故都南京一带的画家，以写实的笔墨，把记忆中的山水画下来，借以抒发对故国的思念之情。

针对风格而言，高居翰认为张宏、吴彬、龚贤的画作都受到西方绘画的影响，而张宏代表"写实"、董其昌代表"形式"。他将正统与独创对立起来的看法虽然未必正确，但是他的观点给予后人新的思考方向：中国绘画的"仿"和"法"、"具体"和"抽象"，值得我们重新审视。此外，也有学者提出晚明绘画呈现"变形""仿古"以及"商品化"的特色，若我们回到晚明文人的画论著作中，更能发现尚奇好异的审美趣味也包含在晚明绘画的风格当中，如陈洪绶、吴彬等。这也启发了当代画家的创作。

文学：众声喧哗，抒写性灵

现代的年轻人和小朋友几乎没有人不知道《哈利·波特》。从小说到电影，再到环球影城的主题乐园，《哈利·波特》靠着丰富的想象力风靡全球。其实我们小时候也有这样充满想象力的故事，而且是明代就写成的。《封神榜》《西游记》当中有许多奇幻的情节与神怪角色，和《哈利·波特》一样引人入胜。

嘉靖、万历时期，文坛上出现"前后七子"，他们反对明初的台阁体、八股文，强调学习唐宋以前的诗文，对文坛产生了巨大影响。在这股复古风潮之下，也有一批文人，如归有光、唐顺之，自成一格，不盲目追随"七子"的脚步。万历初年，更有思想家兼文学家李贽对"前后七子"的文学主张并提出质疑，成为晚明公安派的先导。李贽认为，判

桃園共契頤教龍虎會風雲

萍水相親為恨豺狼當道路

俗天地桃園結義

正元泉水生希處圖

《三国演义》中，刘备、关羽、张飞桃园三结义的故事深植人心，至今仍被人津津乐道。

定文学作品的优劣应该以内容、思想、感情的真假为准，而不是以时代先后来分高低，这在当时的文坛上，是耳目一新的创见。

公安派倡导"性灵说"，反对"前后七子"的复古主张。公安派的领袖人物袁宏道曾经从学于李贽，李贽的人生态度和学术思想都对他影响很大。"公安三袁"（袁宗道、袁宏道、袁中道）、张岱、陈继儒、王思任、徐霞客等人都是晚明小品文大家，其中徐霞客又以旅游文学主题在当时与后世大放异彩，其他各种题材的出版品也应运而生。综观晚明文坛，可说是"众声喧哗"的局面。

此外，明代中后期印刷术改良并普及，使阅读成为大众娱乐之一，以致各式各样主题的出版品大量印行。《三国演义》《西游记》《水浒传》《金瓶梅》这"四大奇书"，以及"三言""二拍"等脍炙人口的小说因此大为流行。出版业的兴盛也

《水浒传》中，宋江、林冲等英雄好汉的气节侠义，数百年来都让读者热血沸腾。（图为第一回"洪太尉释放妖魔"）

带动了文人加入戏曲创作的行列，戏曲作品的出版量大增，间接推动了明代戏曲的发展。吴敬梓《儒林外史》中描述明代出版业蓬勃的状况：书店普及，参与出版的人众多，销售管道通畅，再加上当时版权观念还不普及，也没有清初"文字狱"的顾虑，在出版自由的情况下，谁看到好书都能拿来印。由于明代书籍生产规模增大，价格较之于唐、宋、元朝都相对低廉许多，因此一般人家都能买得起。

晚明文坛倡导流露真情实感的文学风气，许多诗文作者心中的慷慨意气，跃然纸上。明末复社等相继兴起的文学社团，也在此时呼吁"兴复古学"，以文化、文学复兴传统精神，以挽救明朝的危亡。陈子龙、吴伟业、钱谦益、冒襄、余怀、侯方域等一批文学家面临明清易代，写下了许多真情至性、可歌可泣的诗文作品，至今仍值得反复吟诵。

收藏本事 | 这两年来，我们推出
"王铎、傅山特展""张瑞图、黄道周、倪元璐、许友特展"，
其中有九件作品被选入大阪市立美术馆八十周年纪念展
"从王羲之到空海"，
与中日千年来书史上的名品同堂展出，
受到海内外书道艺文界人士的好评。
在展出时，我前往日本与大阪市立美术馆馆长篠雅广晤谈，
同时在座的台北故宫博物院何传馨副院长提到，
我们展出的这批书法，正好可以与乾隆的收藏品互补。
乾隆由于政治立场而鲜少收藏晚明书画，这是非常可惜的。
随着时代变迁，我们的欣赏品味更加多元，
超越了乾隆时代的局限，可以自建收藏体系。

梁辰鱼

改良昆山腔，昆曲的奠基者

梁辰鱼长得高大挺拔，相貌俊秀，为人有侠气，不屑死读书以考取功名。他在家乡建造华丽的房屋，邀请四方的奇人异士来家中聚会，文坛盟主王世贞、抗倭大将戚继

梁辰鱼（1521—1594），
江苏昆山人，
生于正德十六年，
卒于万历二十二年。

光等人都与他结交。

梁辰鱼喜欢作曲，受好友魏良辅影响与启发，改良了昆山一带的唱腔。他的歌声就像金石发出的声音，加上人又长得帅气，很受大众的欢迎。

梁辰鱼最著名的戏曲作品是《浣纱记》，说的是中国古代四大美女之一的西施在溪边浣纱时遇见范蠡，范蠡为了匡复越国，说服西施参与他消灭吴国的计划，负起间谍的任务。此剧的故事原本于《吴越春秋》，而梁辰鱼将西施这个角色的性格及内心变化塑造得饱满又有层次。她不再只是一个受男人操纵、红颜祸水般的纤弱女子，而有自己的想法，展现舍身取义的英雄气概。她忠于对范蠡的爱情，但在范蠡劝说下却以国家的利益为己任。梁辰鱼借由西施的角色，将普通人于国难之际激发出的高尚情操刻画得动人心弦。

梁辰鱼《张雨〈山静图〉跋》。此作是他为文伯仁之弟仲义所藏元代张雨《山静图》书画合璧所写的跋语。梁辰鱼改良昆山腔，并且重新塑造了中国古代四大美女之一的西施的形象。

现在我才了解，小时候在没有电视的时代，广播公司制作的广播剧《西施》为什么会风靡各地。若没有梁辰鱼写的《浣纱记》，可能这位奇女子在历史上也不会这么有名，可见好的剧作家真的是人间的福报。

汤显祖

《牡丹亭》作者，被誉为"东方莎士比亚"

汤显祖与英国大文豪莎士比亚是生活在地球两端的同时代人。他们两人卒年相同，又都在戏曲界有崇高的地位，作品也都非常感人。2016年是莎士比亚逝世四百周年，世界各地举办了许多活动纪念他，他的戏剧作品也展开全球巡演。相比起来，汤显祖似乎就没有大的纪念活动，我觉得相当可惜。英国伦敦的Troxy剧场演出三场昆曲青春版《牡丹亭》全本，郑培凯教授正是这三场戏的督导。此外，在剑桥大学、牛津大学、伦敦大学等一流名校也演出了昆曲的折子戏，反响极好。

汤显祖最有名的四部剧本合称为"临川四梦"，其中《牡丹亭》的艺术成就最高。他少年时就颇有文名，在诗、文、戏曲方面都有很高的天分。

《牡丹亭》完成于万历二十六年（1598），剧本一发售，销量就一举超过了另一部经典爱情故事《西

汤显祖（1550—1616），江西临川人，生于嘉靖二十九年，卒于万历四十四年。万历十一年（1583）进士，历任南京太常博士、礼部主事、广东徐闻县典史、浙江遂昌知县。

厢记》。明代文学家沈德符曾提到当时《牡丹亭》受人欢迎的盛况，几乎是家家户户人手一本。《西厢记》还因此滞销，只好降价求售。杭州女演员商小玲登台演出《寻梦》时，竟因入戏太深、太伤心，在舞台上遽然倒地而逝，可见此剧的感染力之大。

明代男女不能自由恋爱，婚姻大事都由父母决定。但汤显祖却让他笔下的女主角杜丽娘勇敢追求自己喜欢的书生柳梦梅。这份爱甚至超越生死之界，她先因爱而死，后又因爱复生，由此戏中故事才有了发生的可能，顿时风靡当代。许多人看了《牡丹亭》后，恍然觉悟自己也能追求自我的存在，这是汤显祖对晚明思想解放所作的贡献。日本汉学家青木正儿认为汤显祖可说是东方的莎士比亚。但汤显祖与莎士比亚不同之处在于，他能在高难度的科举中考中进士，身为官员，职责很多，又要当司法官、教授，还要会守城防土匪，比莎士比亚忙碌得多了，还能写出如此流芳千古的剧本，实在了不起。

沈璟

创立沈家班，开启戏曲的商业模式

嘉靖年间，魏良辅改良昆山腔，梁辰鱼、沈璟大力推广，且用昆山腔创作了许多剧本，于是南曲大盛。梁辰鱼、沈璟对明代后期曲坛影响极大。后来有些戏曲作家模仿沈璟的风格，被称为"吴江派"。沈璟与戏曲家王骥德是论曲的好友，两人时常书信往来，讨论戏曲创作观念，或互向对方求序。

沈璟曾当过兵部、礼部、吏部的主事和员外郎，他

沈璟（1553—1610），
江苏吴江人，
生于嘉靖三十二年，
卒于万历三十八年。
万历二年（1574）进士。

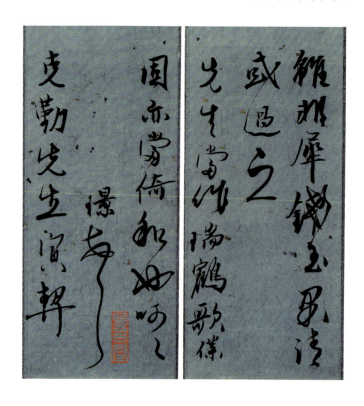

沈璟《与克勤书》局部。沈璟开创了戏曲流派"吴江派"，并改良戏曲的表演形式，使其变得雅俗共赏。

因上书触怒皇帝，被连降三级外调。由于沈璟和首辅申时行同乡，降级之后很快就复职了，但过了几年，他又因为在科考中录取了申时行的女婿而卷入科场舞弊案。由于他的两个弟弟都在数年间陆续考取功名，沈璟对官场热情不再，便决定辞职回家，专注于戏曲创作。沈璟撰写的《南九宫谱》是一本戏曲创作的参考书，主要论述了戏曲创作时不合音律、脱离舞台等种种弊病。

沈璟开创戏曲流派"吴江派"。实际上明代吴江沈家，戏曲人才辈出，男有沈璟、沈自徵、沈自晋等，女有沈静专、沈蕙端等，一门三代，多达十余人，世称"沈家班"。"沈家班"还改变了昆曲观众的结构，推动了以商业营利为主要目的的职业戏班发展。职业戏班的繁荣，使昆曲走出王公贵族的厅堂，站上城乡中广阔的舞台，让更多的民众得以接触戏曲表演。

王衡

写出经典嘲讽名剧《郁轮袍》

王衡（1561—1609），
江苏太仓人，
生于嘉靖四十年，
卒于万历三十七年。
万历二十九年（1601）进士，
授翰林院编修。

有一次，著名文化人于丹来到上海"万历万象"的展场，她说《郁轮袍》是她讲课时常常提到的戏曲，但是第一次亲眼看见王衡的传世书迹。她的惊喜让我顿时了解，原来王衡的戏曲《郁轮袍》这么有名。

王衡大概是晚明最闷的"官二代"。他的父亲是万历朝内阁首辅王锡爵，位高权重，照理说他头顶光环，应

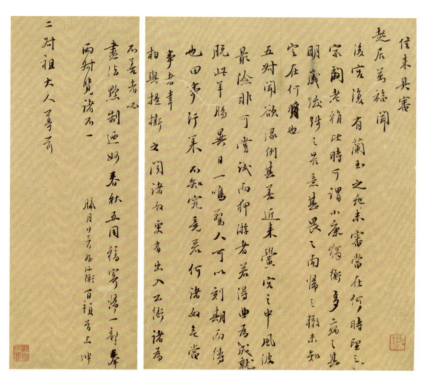

王衡《与二叔祖（王梦周）书》。信中王
衡先叙家常，后呈上著作请求指正。

可悠闲度日。但王衡因为遇到了"科场案"，人生充满挫折。由于他文才
好，大家都认为他理所当然会考中进士，然后做官。他后来果然在乡试
考中举人第一名，但当时朝中有许多王锡爵的政敌，认为他凭关系才考
了第一。王衡觉得受到莫大的污辱，其后约十年都没参加考试。一直等
到父亲退休以后，他才一举考中进士。皇帝钦点他为进士榜眼，这时众
人才都心服口服。

　王衡为考进士折腾了十多年，内心已感到疲惫。等到他在翰林院获
授编修时，就以父亲老病为由，辞官回家了。有人问他为何考上进士就
立即辞官，他说："当初上书说我作弊的两位先生，因为我父亲，到现在
还未官复原职，我怎能一个人安心当官呢？"可见他的个性很宽厚。王
衡把科举对人生的压迫及对豪情壮志的消磨，还有自己所受的冤屈，借

由唐代诗人王维的角色，写成杂剧《郁轮袍》，为明代戏曲史留下了经典嘲讽之作。

王骥德

撰写中国第一部戏曲理论专著《曲律》

王骥德（？－1623），
浙江绍兴人，
生年不详，
卒于天启三年。

王骥德《草书诗卷》局部。
抄录了九首唐诗，书风能流
露己意，洵为佳作。

才子徐渭和王骥德是邻居，徐渭那时已经是个老人，却和年仅十六七岁的王骥德成了忘年之交。徐渭每写好一部剧本，便叫王骥德来家里，自己唱一遍给他听。王骥德会挑出其中的佳句和他讨论。王骥德还和另一位作曲家沈璟讨论作曲的方法，汤显祖也是他的好友。

王骥德自幼就非常喜欢听音乐、唱歌、作曲，家里

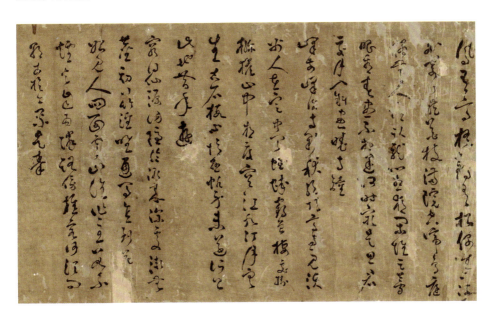

收藏了元人杂剧数百种。王骥德写的《曲律》，是中国第一部戏曲理论的专书。晚明著名的小说家冯梦龙为《曲律》写了一篇序，称赞王骥德整理得很好，论点也新颖。王骥德非常重视戏曲的音乐性，力求雅俗共赏，也注重创新。此外，他还重视演出的效果，例如，演员讲台词时一定要注意音调，台词也要长短适中，最好插入一些好笑的片段，让观众笑开怀。王骥德对后来的戏曲家李渔影响很大，因为他不仅写曲、唱曲，更整理出一套作曲的方法，写成了一本指导手册，让后辈能够学习。王骥德是戏曲史上承先启后的重要人物。

张瑞图

书法与董其昌齐名，影响日本书法界

有一年，我在日本看到元代高僧铁壁昷的大字书法，气势非凡，我一看就觉得应该是张瑞图的字。后来经过研究，查得"凤文麟趾其威仪"是晚明福建学者蔡清《省身法》第三句。之后又看到张瑞图有四句完整的作品传世，才知道张瑞图的书法流传日本后，曾被托名改款为元代高僧的书法。

张瑞图仕途顺遂，书法与董其昌齐名，人称"南张北董"。董其昌赞美他小楷写得最好。张瑞图还因善书惹上了一桩麻烦事。天启年间大太监魏忠贤当权，附庸他的人在各处立生祠，据传魏忠贤有意要董其昌为他的生祠题

张瑞图（1570—1644），
福建晋江人，
生于隆庆四年，
卒于崇祯十七年。
万历三十五年（1607）进士，
授翰林院编修，
累官至礼部尚书兼东阁大学士、
户部尚书兼武英殿大学士。

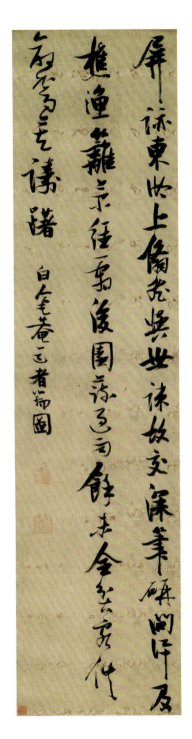

记。董其昌为了推辞闪避，演了一出苦肉计，在一次郊游途中刻意让马失控，跌断了右手。这苦差事就落到了与他齐名的张瑞图身上，张瑞图无可奈何只能照办，此事也成为了他仕途上的污点。

不久，天启皇帝驾崩，崇祯皇帝继位，他早就知道魏忠贤的恶行，大臣们也纷纷请奏处置魏忠贤。张瑞图知道自己必会因写生祠铭受到牵连，于是辞官避祸。崇祯查此案时问道："张瑞图为何不在此列之中？"大臣们回答："无实状。"崇祯说："张瑞图为魏忠贤写铭，不是实状吗？"便将张瑞图判了三年牢狱，可缴罚金替代，并削籍为民。就这样张瑞图在晚年免了一场牢狱之灾。我后来读到张瑞图后人张光远教授的文章，才知道张瑞图一生为官，却多次退隐回乡，真正在北京当官的时间不到五年，可见他对做官兴趣不大，对名利并不特别注重。

明朝末年，福建高僧隐元隆琦把张瑞图的书法传播至日本。在此之前，日本人一直对于精致典雅的唐样书法比较熟悉，见到张瑞图这种表现个性的独特书风，真是大开眼界，于是也开始在书法上表现个人特色。日本人也喜欢收藏张瑞图的书法。张瑞图号二水，家乡的人说他是水星转世，相传只要收藏他的作品，就可以避免火灾发生。

张瑞图《行书自作诗》。这件作品当为张瑞图六十二岁以后所写，作书心境平和。张瑞图的书法随着隐元隆琦赴日，传播至日本，影响了日本书法界。

黄道周

南明首辅，台湾为他建黄道周庙

黄道周（1585-1646），
福建漳浦人，
生于万历十三年，
卒于顺治三年。
天启二年（1622）进士，
曾任翰林院编修、詹事府少詹事。

2015年，我在中正纪念堂举办"万历万象"大展时，被安排去西门町的助顺将军庙祭拜黄道周，且吸引了一批"黄迷"参加。上香时，我注意到书法家陈宏勉口中念念有词，神情虔诚肃穆。祭拜结束后，我问他许了什么愿，他说，希望书法造诣能更上一层楼。

黄道周学问极好，好友徐霞客评价他："字画为馆阁第一，文章为国朝第一，人品为海内第一，其学问直接周孔，为古今第一。"他二十三岁开始教书、讲学，在福建开讲席时，最多的一次有四百多人来听，很多人都是搭船从远处来的，船只把讲学处附近的码头都停满了，可见其盛况。

台湾文学也受到黄道周的影响，被称为"台湾孔子"的沈光文（1652年来台湾，比郑成功早十年），即是黄道周学生。台南第一高级中学的校歌中有"思齐往哲，光文沈公"的句子，就是纪念沈光文。

崇祯死后，黄道周在南京的南明朝廷任礼部尚书，后又任吏、兵二部尚书。他募兵数千人，只有十余匹战马和一个月的粮草，就准备出兵迎战清军。夫人蔡玉卿知道他这次回不来了，便说："道周死得其所了！"黄道周兵败被俘，随后殉国，还有学生跟着殉师，这是千古罕闻之事。他的墓旁有个四君子墓，碑上写着"殉节门人四君子之墓"。

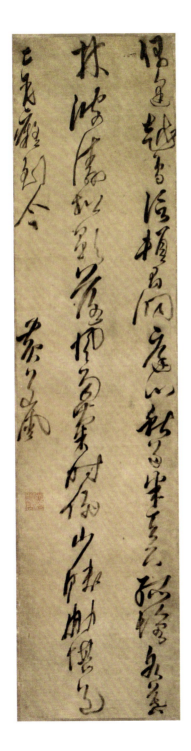

黄道周《草书五律》。台湾有许多黄道周家族后代，更有专门供奉他的"助顺将军庙"，至今香火不断。

　　清初闽南地区的百姓对他的义举颇为崇敬，将他视为漳州的乡土守护神，为避免被朝廷查获，改而尊称"助顺将军"。台北万华和淡水的晋德宫都祀奉"助顺将军"，可见古代民众对黄道周的景仰。就连乾隆皇帝也赞他："不愧一代完人。"彰化县和美镇还有"道周路""道周医院"，黄道周的侄儿黄骧陛跟随郑成功渡海来台，台湾来自漳州的黄氏宗亲，有些可能就是黄道周家族的后代。

倪元璐

自组义军抗清的殉节书法家

倪元璐（1593—1644），
字玉汝，号鸿宝，
浙江上虞人，徙浙江绍兴，
生于万历二十一年，
卒于崇祯十七年。
天启二年（1622）进士，
选翰林院庶吉士，授编修。

　　资深艺术史家傅申教授在何创时书法艺术基金会举办"三闽一浙"特展时告诉我，如果要他选择中国书法史中的一百件名品，他会将倪元璐的《录李商隐〈无题〉诗》选入其中。还记得当天傅老师站在作品前细细品味，那满足喟叹的神情，真让人为之动容。

　　倪元璐与黄道周齐名，两人皆出韩日缵门下。倪元璐、黄道周、王铎同为天启二年（1622）进士，三人肝胆意气，情同兄弟。他们任庶吉士时，生活起居、写文章都在一起，喜爱他们的人称之为"三株树"，妒忌他们的人称之为"三狂人"。

　　崇祯元年（1628），倪元璐撰写了三道著名的疏文。崇祯皇帝每次拿到他的奏疏，置于屏风之间，出入瞻诵，以为伟人不可谓不遇矣！崇祯十五年（1642）九月，崇祯皇帝再度起用倪元璐任兵部右侍郎兼侍读学士，隔年春天倪元璐到了北京。

　　根据朱彝尊记载，倪元璐曾在绍兴城南兴建庭园，窗户的样式由他亲自设计绘制，完工后连高明的匠师都赞叹不已。当时他患了眼疾，以最名贵的徽州墨商程君房、方于鲁所制墨粉刷墙壁，在堂中静默打坐。大堂东有三层华美的高楼，匾题"衣云"二字。他的好朋友黄道周正好到了绍兴，倪元璐施以锦帷，张灯结彩欢迎，黄道周有点不

太高兴，并告诫："国步艰难，我们实在不宜宴乐！"倪元璐笑答："这个安排是为了与你诀别啊！"随即散尽家产，自组义军北上勤王。

崇祯十七年（1644），李自成陷京师时，倪元璐整衣冠拜阙，大书几上曰："南都尚可为，死吾分也！勿以衣衾敛，暴我尸，以志吾痛！"便面向南边而坐，自缢而死。南京福王弘光朝赠倪元璐忠烈第一，谥文正。

倪元璐《录李商隐〈无题〉诗》。崇祯皇帝非常倚重倪元璐，明亡时倪元璐自组义军勤王。

王铎

影响当代书法最重要的大师

王铎（1593—1652），
字觉斯，河南孟津人，
生于万历二十一年，
卒于顺治九年。
天启二年（1622）进士。

这几年来，我曾提供藏品在东京、大阪两地参与过三个书法大展，也常有日本书法同道来台北参观何创时书法艺术基金会举办的展览。友邦人士到何创时书法艺术基金会指名想看的大师名作中一定有王铎的作品。在日本书坛甚至有"后王（王铎）胜前王（羲献父子）"之誉，也可知王铎在他们心目中的地位。

王铎初入政坛以清流自居，政治上倾向东林党。崇祯七年（1634），王铎充经筵讲官为崇祯讲课，成为皇帝身旁的近臣。南明福王时任次辅，入清后任《明史》副总裁、礼部尚书。

以书法家的养成来看，王铎的功夫是了得的。他早年学习晋唐名家，对王羲之、北宋《淳化阁帖》、米芾下过很深的工夫。钱谦益形容王铎学古的功夫，可达到"如灯取影，不失毫发"的准确程度。王铎终身奉行"一日临帖，一日应请索"的理念，在学古与应用上取得了良好的平衡。

王铎在世时即书名远播，在他过世后更被孔尚任写入剧本。《桃花扇》第四出"侦戏"中描写王铎为阮大铖书写堂匾"咏怀堂"，以及在南京报恩寺书写"庄严法书"四字榜书的情形。王铎书法的创新与成功，在于为古代经典重赋时代新意。这种新意具体表现在尺幅、材质、用笔、用墨、章法上。他擅用板绫的特性造成涨墨效果，使

得整件作品水墨淋漓。他将二王的小幅尺牍放大书写，创为气势撼人的条幅，颇具有当代创新精神。他精力充沛、武功高强、酒量奇佳，擅长耗费体力的书法表演，近似现代的行为艺术。因此他个性强烈的表现式书风，深受当代书法家与收藏家青睐。书画大家吴昌硕评价王铎："文安笔力翻蛟螭，有明书法推第一。"国学大家启功也说："觉斯笔力能扛鼎，五百年来无此君。"

曾经有一位我景仰的历史学者知道我收藏王铎，很惊讶地说："王铎！他是贰臣啊！"王铎的历史形象至今仍被"贰臣"的标签污名化，但是我有不一样的看法。王铎在入清后与众多遗民、清朝官员保持良好的关系，互有诗词唱酬，更有一批大臣与名士学习他的书法。顺治皇帝赐他朝廷重臣——礼部尚书的职务，康熙、雍正皇帝也都没有批评他，他的形象是正面的。但在百年后，由于政治因素，乾隆编纂《明史》时，王铎名列"贰臣"传中。现在是大数据时代，我们可以自己动手找资料，查明并判断历史事实，应当还给王铎一个公道，不应该将他限制在"贰臣"的框架当中。

王铎《行书赠单大年家丈》。王铎的书法具现代创新精神，深受今人喜爱。

傅山

明遗民精神典范，"四宁四毋"美学观

艺术史家白谦慎教授的专著《傅山的世界》在哈佛大学出版社发行。他对傅山很有研究，并且对《啬庐妙翰》推崇有加，将它作为书籍封面。这件作品字奇文奇，傅山用小字注解说："字原有真好真赖，真好者人定不知好，真赖者人定不知赖，得好名者定赖。"（"赖"在此解作"坏"）字的好坏，需等千百年后才能断定。

傅山（1607—1684），初名鼎臣，字青主，别号朱衣道人、啬庐、侨黄，山西阳曲（今太原）人，生于万历三十五年，卒于康熙二十三年。

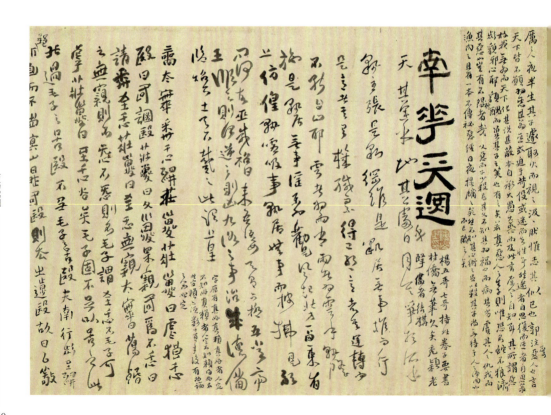

崇祯九年（1636），傅山的老师山西提学袁继咸被阉党余孽陷害，关入京师大牢。三十岁的傅山连络生员百余名上疏，步行至京为袁诉冤请愿。经过八个月的抗争，冤案得以昭雪。这次胜利让傅山得到众人的尊敬，名声响彻全国。

崇祯十七年（1644），李自成率领农民军从西安东征北京，途经山西。傅山曾加入抵抗李自成的义军行列，事败后傅山潜回太原，带着母亲与孩子藏匿寿阳县。顺治十一年（1654），他因被人供出曾接受南明任命而入狱，绝食九日，即"朱衣道人案"。他出狱后云游南方，后隐居太原。康熙年间下诏举博学鸿词科，傅山被强送至京，故意服食过量大黄以逃避考试。后来亦推辞不受康熙授予的中书舍人官职，坚持以不合作的态度拒绝入仕清廷。

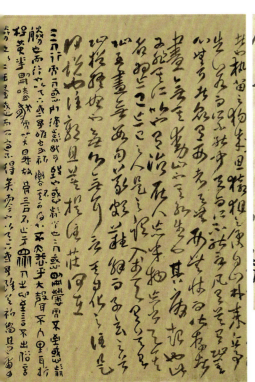

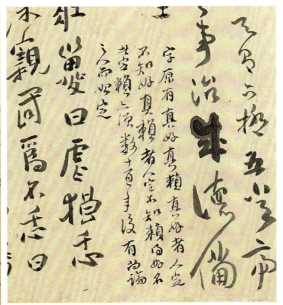

傅山《嵇庐妙翰》局部。其中写道："字原有真好真赖，真好者人定不知好，真赖者人定不知赖，得好名者定赖。"

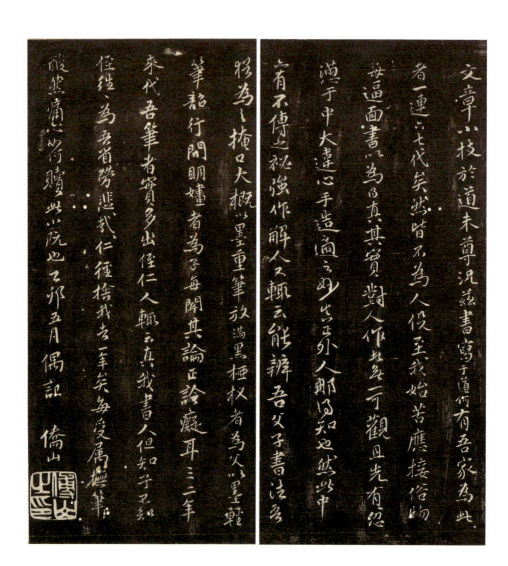

傅山《太原段帖》选。
傅山苦于应酬文字，更
批评了当时自作聪明、
以为能分辨傅山父子书
法的人们。

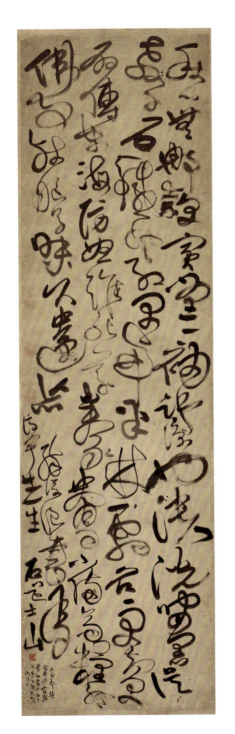

明亡后，傅山长时间住在太原，以教书、卖诗文维持清贫的生活。在初拓本《太原段帖》中，傅山说自己"苦应接俗物，每逼面书"，提到当众挥毫的压力："其实对人作者，无一可观。且先有忿懑于中，大违心手造适之妙。"傅山内心的无奈，外人很难体会。又有强作解人者，夸口能分辨傅山父子的书法，他不禁掩口而笑。从傅山晚年的这段自述，也可见明遗民在朝代鼎革之际辛劳生活的侧影，以及傅山幽默的一面。

傅山在民族大义上为人所称颂，而他对后世书法的影响，更多来自"宁拙毋巧，宁丑毋媚，宁支离毋轻滑，宁真率毋安排"的理念。我在温哥华美术馆观赏毕加索的画展时，突然想到傅山作品中也充满了解构的表现。此外，他的《傅青主女科》是临床价值非常高的妇科典籍，至今仍为中医界所肯定。在思想史上，傅山更被梁启超评为"清初六大师"之一，与顾炎武、黄宗羲、王夫之、李颙、颜元齐名。

傅山《醉后浪书》。济宇是傅山的好友，傅山在饮酒醉后浪书赠书，还抄错拼贴自己的诗句，显出两人之间自然真诚的友谊。

文伯仁

文徵明的侄子，绘画气势宏大

文伯仁（1502—1575），字德承，号五峰，湖广衡山人，系籍江苏苏州，生于弘治十五年，卒于万历三年。

2015年的诺贝尔生理学或医学奖颁给了医学研究者屠呦呦女士。屠呦呦原来在学界被称为"三无学者"（无博士学位、无留洋经历、无院士头衔），她早在1971年便已成功提炼出足以抗疟的有效提取物，降低了疟疾的死亡率。直到四十四年后终于以此获得诺贝尔医学奖。让我眼睛为之一亮的是，屠呦呦提到她的研究法，以葛洪《肘后备急方》中关于青蒿治疟病的记载为线索，这让我想起了我收藏的文伯仁《葛仙翁移居图》，画中这位仙风道骨之人，就是"屠呦呦的指导教授"——东晋名士葛洪（283—363）。而这幅画的作者文伯仁，也是一位极有意思的人物。

文伯仁为文徵明之侄，年少时脾气暴躁，喜欢当众骂人，往往让人无法承受。他也曾经和文徵明闹上官府，因此一度入狱生了重病，出狱后有了悔意，收敛脾气想从叔父学画，因此托言梦见金甲神呼唤他说，"你前世是蒋子诚的门人，画观音大士像，一定斋戒才敢落笔，种此善因，今生必定以画传世。"文徵明听了这话，明白他的决心，因此原谅并收他为徒。《明画录》说他："横批大幅，岩峦郁茂，不在衡山之下。"少年文伯仁是负气的英才，在历经人生磨难后，将满腔的愤慨化为笔底烟云，艺术境界也因此升华了。

我收藏的《葛仙翁移居图》，正是所谓的"横批大

葛洪的著作影响了诺贝尔奖得主屠呦呦的研究方法。

文伯仁《葛仙翁移居图》。
此图描绘葛洪移居深山，修
道成仙的情景。

幅"，技法与风格继承文徵明的"细文"一路。画的是葛
洪晚年弃官，举家迁往广东罗浮山修道炼丹的场景。文伯
仁将一座萧寺置于云深处，有超然物外的感觉。山下一位
身着红衣之人，虽然不穿官服，但红色正是官员的象征。
或许此时的他，正如同葛洪一样想抛开俗世的纷扰，到山
中的寺庙寻得一份永恒的清静吧。

徐渭

书画、诗文、戏曲、兵学的通才

　　我第一次看到徐渭的《观音图》，画幅上端书《心经》，立刻就被它吸引住了。画中虔诚的宗教情怀，静谧简逸的线条，与他常见粗犷的表现风格迥然不同，令我颇感疑惑。后来我读徐渭《答张翰撰》，提到："近又稍作观音漫寄一条，书《心经》于上，聊塞《黄庭》之委。"心中疑惑因此有了答案。

　　这位张翰撰即隆庆五年（1571）的状元张元汴（《陶庵梦忆》作者张岱的曾祖父）。徐渭年幼时就与他一起读书，和他的父亲、儿子三代世交。因为这层关系，当徐渭身陷牢狱时，张元汴费尽心思帮他疏通，使其获得地方官批准释放。我在想，这幅《观音图》作于徐渭出狱当年，可视作他与张元汴金石之盟的见证。也或许徐渭在绘制时，心中有一尊保佑苍生的观音像，以感念上苍对自己多灾多难的一生的庇佑吧。

　　徐渭高才大识，博学多能，是书画家、诗人、剧作家，也是足智多谋的师爷、军事家。从前我读徐渭少年时的故事，给人的印象就是聪颖机智的俊才。而他高妙的笔墨文采，杀妻颠狂的传奇一生，一直是文学家、戏剧编导创作时最好的题材。他评论自己的多重才学，"书第一，诗二，文三，画四"，可见他对书法造诣的自负。但在我看来，他的"谋略"应该放在第一位。

　　徐渭早年在抗击倭寇的名士胡宗宪手下担任幕僚，是

徐渭（1521—1593），
字文长，
浙江绍兴人，
生于正德十六年，
卒于万历二十一年。

徐渭《观音图》。画面上半部抄录《心经》，下方绘《鹦歌宝卷》故事中的主角白鹦鹉。徐渭诗书画俱佳，更被称为绍兴师爷之祖，教出抗倭大将李如松。

赫赫有名的抗倭军师，为胡宗宪献计擒住汪直。胡宗宪在舟山捕获白鹿，徐渭为他代笔写了两篇《进白鹿赋》进献嘉靖皇帝，皇帝读后大喜，视为祥物，因此对胡宗宪加官进爵。我在想，胡宗宪应该很感慨，打了这么多的胜仗，要得到皇帝赏赐，还是得靠徐渭的两篇文章啊！

　　以徐渭的文才谋略，胡宗宪对他的倚重是肯定的。嘉靖三十九年（1560），胡宗宪在杭州建造了宏伟的镇海楼，请徐渭写了一篇《镇海楼记》。胡宗宪读后非常满意，想起徐渭在杭州一直租房而居，因此借这个机会赠金百二十两资助他买房。这篇文章短短647字，却让徐渭住进了豪宅。明代中叶至清朝末年，绍兴府以出产师爷幕僚闻名全国。从众多的逸事来看，徐渭应该可以被称为"绍兴师爷的祖师爷"吧！

　　万历时期抗倭援朝之役的主将李如松，是徐渭的得意门生。李如松、李如柏兄弟在戚继光的介绍下，经父亲李成梁安排，从徐渭学兵法。之后徐渭有相当多的诗文赠予李如松，李如松也曾接济过徐渭，并以徐渭的儿子为幕僚。在对付倭寇的策略上，徐渭所教导的兵法必定对李如松产生了深刻的影响。晚年病体虚弱的徐渭，得到李如松赠与的十五斤人参，以此为印资，刊刻了十六卷的《徐文长集》、十卷《阙编》。若不是李如松的资助，徐渭的高妙文采可能就此湮灭于历史洪流了。

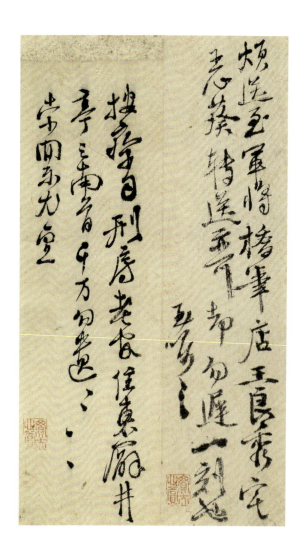

徐渭《与某人书》。徐渭托收信人送交物件予二人，并叮嘱收信人切莫延迟和遗失。

董其昌

妙在能合、神在能离，融合书画与禅学

董其昌（1555—1636），
松江人，
生于嘉靖三十四年，
卒于崇祯九年。
万历十七年（1589）进士，
授翰林院庶吉士，
官至南京礼部尚书。

谈到晚明书画家，董其昌无疑是其中最富盛名的。翻阅各家拍卖图录，董其昌作品数量应该居于晚明书画家之冠。无怪乎拍卖界的朋友戏称，董其昌是他们的"衣食父母"。2016年初，台北故宫博物院推出董其昌书画特展，何创时书法艺术基金会也在六月底推出"董其昌与松江书派特展"，吸引了海内外众多董其昌粉丝齐聚台北。

我认为，董其昌成为大师的条件至少有三个，首先是科考受挫。董其昌十七岁时参加松江府科考，原以为十拿九稳可以拔得头筹，最后却因为书法不佳仅被列名第二。董其昌受此刺激，发愤练字，终身不辍。在我看来，年轻时受挫其实是一种福报，如果没有这次经验，董其昌就不会是日后的董其昌。其次是由于万历时代民间收藏风气很盛，董其昌本身的书画收藏就很丰富，朋友圈里也有很多收藏家，如馆师韩世能、老师莫如忠、陆树声、师兄莫是龙，更认识了大收藏家项元汴，董其昌得见其家藏珍品，从此眼界大开。再次是因为董其昌做官的时间很长，因是闲职，浸淫在书画当中的时间很多，使他的书艺不断精进。

在董其昌的书法学习过程中，怀素《自叙帖》一直都是其很重要的师法对象。从他20岁在项元汴家中见到真迹后，几乎用尽了一生心力去临仿它。何创时书法艺术基金会顾问、台北故宫博物院原副院长何传馨曾经告诉我，董

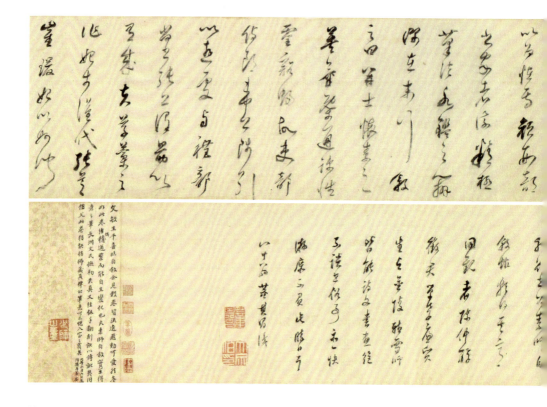

其昌留下了大量论述《自叙帖》的文字，但他传世的临《自叙帖》的作品却非常少，因此何创时书法艺术基金会所收藏的三件董其昌临《自叙帖》更显弥足珍贵，很能说明董其昌"平淡天真"的书学思想。何先生最近特别以此为中心，写成《董其昌论怀素<自叙帖>及其临仿》一文，肯定了这三件作品的艺术史意义。

我本来不太收藏董其昌的作品。野史相传董其昌人品卑劣，他的儿子欺压民女造成市民暴动，这让我心中起了一些芥蒂。这样的坏印象，源于写本《民抄董宦事实》和说唱曲本《黑白传》的误导。

清初修纂《明史》，终于还给董其昌一个公道，史家认为董其昌"督湖广学政，不徇请嘱，为势家所怨，嗾生儒数百人鼓噪，毁其公署"。《明史》修纂团队以万斯同、王鸿绪两大史才为核心，秉承黄宗羲实事求是的精神，况且董其昌《容台集》被清廷列为禁书，史馆学者实不需袒护他。再加上清廷几位重要的皇帝都很欣赏他，如果他的为人真如野史记载那般不堪，康熙皇帝还会有许多"临董"书法

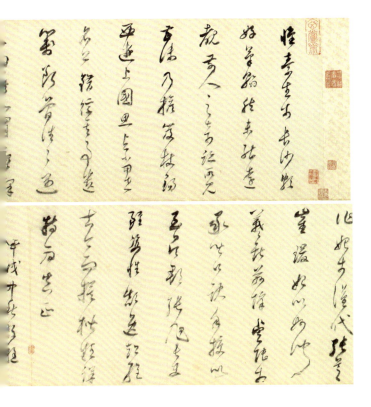

董其昌草书《临怀素自叙帖》。此卷是崇祯十三年（1634）中秋节出游时，董其昌于舟中兴起书写之作。八十老翁与一行同好出游，偶然欲书，当场表演一段背临的功力，展现董其昌对于古帖的熟稔。他提出"南北宗"的理论，划分了文人画家与职业画家之间的界线。

吗？"民抄董宦"显然是董其昌得罪权贵，对方唆使有心人士煽动民众所为。观当代世界局势，有些集体抗争和暴行，会不会也受到别有用心之人煽动和利用？这些值得我们深思。

我们现今身处大数据时代，往日无法获见的文献史料因此更容易取得，历史的真相终有拨云见日的一天。在何创时书法艺术基金会主办的"董其昌与松江书派特展"中，我就个人读史心得作了一场演讲，以证据分析法试图为董其昌翻案，引发了不少同道的共鸣。

姑且不论这些八卦传闻，董其昌在理论上提出了"南北宗"，划分了文人画家与职业画家的界线。朱惠良老师提到，董其昌开创以意临仿、妙在能合、神在能离的书画理论，其对书画风格与山水画史的掌握，影响甚至广达书法、诗词等艺术门类的理论建构。而他平淡自然、简逸萧散的书风，与王铎、傅山、张瑞图等人所代表的浪漫书风融合交错，成就晚明书法的历史高峰。

曾鲸

受西方绘画影响的肖像画家

我在法国凡尔赛宫参观时，看到拿破仑时代的人物画像相当写实。相比起来，中国古代肖像画给我的印象是以白描线条为主，人物的特色不易分辨，就算真人站在我面前，我也认不出来！直到我看见曾鲸的画像，他描绘的人物立体多了，观者能够分辨像主的面容特色。在他手上，中国的肖像画艺术又提升到了新的层次。

曾鲸早期活动于浙江，最终住在江苏南京。南京是当时文化中心之一，想要在艺坛有名气，就要在此地发展。曾鲸的肖像画在当时的影响甚大，主要弟子的籍贯分布在福建、浙江、江苏等地，所以无法以地域名称为画派命名，而以曾鲸的字"波臣"为此肖像画派的专有名称。

姜绍书《无声诗史》中记载，曾鲸所画的肖像如同镜中取像，神情绝妙生动，每绘制一张画像，必须要烘染数十层，一直到自己满意为止。他的写实画法十分独特，惊动了当时的画坛。这种明暗凹凸的技法，是受到他在南京时见到的西方传教士利玛窦所带来的西洋绘画的影响。曾鲸原本就擅长中国传统的肖像画法。利玛窦到中国后，他带来了西方的圣母像，圣母的眉目、衣纹表现好像镜中影像般清晰，形象逼真，栩栩如生。当时的中国画家都不知怎样才能画得如此生动。利玛窦在南京活动期间，曾鲸从西方绘画中学到了中国画家最不擅长的、以明暗对比衬托肌理的写实画法。

曾鲸（1568—1650），
字波臣，
福建莆田人，
生于隆庆二年，
卒于顺治七年。

万历驾到

曾鲸的肖像画名声极大，即席写生的能力很强。当时的文人名士纷纷请求曾鲸为自己绘制画像，其中包括董其昌、陈继儒、项元汴、葛一龙、王时敏、黄道周，以及黄宗羲的父亲黄尊素，可见他的绘画受到了士大夫的肯定。

曾鲸《张卿子像》。此画像主为张遂辰（1589—1668），为明代名医。曾鲸绘制的画像绝妙生动，其是晚明负有盛名的肖像画家。

张宏

写实主义画家，风格独特新颖

张宏（1577—1668），字君度，号鹤涧，江苏苏州人，生于万历五年，卒于康熙七年。

犹记得2015年的圣诞节，何创时书法艺术基金会同仁将晚明画家张宏的《雪景图》制成贺卡，得到观众极大的反响与好评。在画幅中，观者可以察觉到他对空间的分割极为精巧，将大面积色块与留白融入画中，从而创造出写意的诗境。他自己在题画时写访友人书斋，"窗几明洁，笔砚精美，对雪随兴捉笔，聊供一笑云耳"，充分体现文人生活随兴适意的情境。在严寒的十二月，能够收到手写寄来的《雪景图》贺卡，心中应该能感受到一丝简单的诗意与幸福吧！

在晚明画家群体中，张宏是非常特殊的一位，艺术史家高居翰教授对张宏尤其推崇，认为他是晚明最有成就的画家，其风格独特新颖，而且注重实景的呈现，是写实主义的一代宗师。

关于张宏的生平，画史记载并不多，我们对他的认识主要还是从他的画款中得到一些讯息。从他传世的画作中，知道他不但承袭两宋、元代画风，还学习过沈周、文徵明等吴门画家风格，在前人技法的基础上又有所开拓创新。

又例如另一件《风雨归舟图》，狭长尺幅的上半部，笔墨全作刷势，清晰地描绘风雨的猛烈骤疾，这样的技法特色让人不由得联想起傅抱石的绘画。而画面右下半部张宏采用精湛的设色写意，体现他对色彩的敏锐度。

张宏《风雨雪舟图》。高居翰认为张宏是晚明最有成就的画家，对他极为推崇。

蓝瑛

影响日本近代绘画的"武林画派"鼻祖

2014年，我们在上海举办"万历万象"大展时，上海博物馆的研究员黄朋女史欣赏了蓝瑛的《仿梅道人山水》，认为此作是他少有的元人画风，极为难得。黄朋特别强

蓝瑛（1585－1666），字田叔，号西湖外史，浙江杭州人，生于万历十三年，约卒于康熙五年。

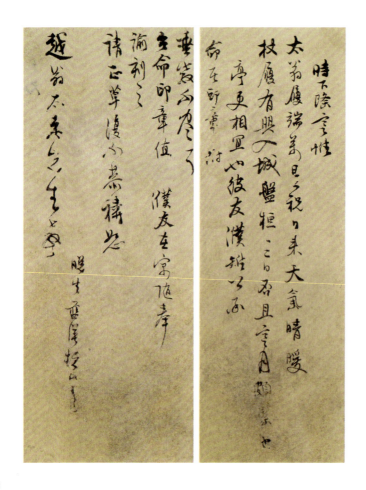

蓝瑛《与越翁书》。先前越翁交代蓝瑛商请其艺友代为刻印，正好此友寓于蓝瑛家中。刻成之后，蓝瑛将刻好的印章随信附上，希望越翁满意。

蓝瑛《仿梅道人山水》。此
画仿吴镇的山水，蓝瑛画风
多元，陈洪绶曾向他学画。

调，职业画家蓝瑛借着《仿梅道人山水》这样萧散简逸的画风，获得了松江名士的认同。蓝瑛在画史上以"浙派殿军"留名，其实他的画风师法多家，浙派之外，也受到元人、吴门画派名家的影响。

蓝瑛早年曾拜董其昌、陈继儒为师，学习新兴的文人画理论与技法，并观摩世家豪族的藏品，结交著名艺术家与文人，眼界因此大开。他也曾北上参加科举，但并未取得功名，也曾参加过复社活动，最后成为职业画家。

从蓝瑛传世的众多可靠作品来看，他除了在杭州一带定居，行踪也遍布广东、福建与北方各省，他的画学观念与风格也因而多元。

据清儒毛奇龄记载，因为同乡之谊，大画家陈洪绶曾经随蓝瑛学画，陈洪绶后来在人物画上的造诣超过了蓝瑛。蓝瑛的画风在晚明清初有一批追随者，甚至形成"武林画派"。随着十八世纪下半叶浙江海外贸易的兴盛，蓝瑛的画作传入日本，对南派画家产生了很大的影响，谷文晁等人甚至直接采用蓝瑛绘画的构图，学习蓝瑛技法的日本画家更是众多。也因此，日本收藏家收藏了蓝瑛不少精彩的画作。

龚贤

"金陵八家"之首，绘画影响《芥子园画谱》

2014年北京赵伟东导演来访，我曾经看过他拍摄的《百年巨匠》人物纪录片，里面有一集是介绍国画大师齐白石。穷木匠出身的齐白石年轻时没钱学画，就借助《芥子园画谱》自学。我心里想，原来齐白石有这么好的老师！《芥子园画谱》的作者王概、王蓍兄弟受龚贤的影响很深，可以说，龚贤也间接地成了齐白石的老师。无独有偶，我收藏的《龚半千画范》就是教人怎么画画的。

龚贤十几岁时曾通过父亲的关系，到南京拜董其昌为师（可见龚贤的家世也是相当不错的），认识了同学杨文骢。杨文骢的笔墨及书法功夫全来自董其昌的教导，他特别重视写生，把江南烟雨的柔美姿态，展现得淋漓尽致。二十四岁时，龚贤为了躲避战祸，自南京至扬州暂避，但扬州后来也遭屠城十天，他侥幸逃过一劫。国家易帜，同学杨文骢战死，一些朋友在政权易主中丧生，这一连串的灾难对龚贤产生很大的影响，或许因此而造成了他后半生比较孤僻的性格。在龚贤的画里，只有山川大地、屋宇、船只，极少出现人迹，总是一幅宁静景象，这可能就是他心中追求的净土吧。

龚贤四十六岁时，回到他学画的南京，在清凉山上开辟半亩园，开启了创作与教学的生涯。《桃花扇》作者孔尚任是龚贤在南京的忘年知己，在龚贤病故后，孔尚任撰《哭龚半千》四首，并且亲自为其料理后事。

龚贤（1618—1689），字半千，江苏昆山人，生于万历四十六年，卒于康熙二十八年。

龚贤《龚半千画范》选。此作影响《芥子园画谱》很深，许多大师都
靠此谱自学绘画，因此龚贤也间接地成为了他们的老师。

龚贤是位无私付出的老师，为了方便学生学习，他往往会在为学生示范的画稿上写说明及画论，画出各种构图样式及树石、屋宇。这类图文并茂的画稿存世不多，《龚半千画范》前半是画稿，画上没有文字，后半是画论，是给绘画水平较高的学生用的。画论中所阐述如何将树石、山水画出精神，如何表现各种意境等，确实对后人有很多影响。

　　在中国画史上，流传这一类画稿最多的画家，目前所知就是龚贤。《芥子园画谱》的概念基本出于龚贤的画稿，我们所熟知的近代绘画大师如齐白石、潘天寿、陆俨少、傅抱石、林风眠等人，在年轻时都以《芥子园画谱》为师。龚贤的画有一个特色，就是反复皴染，直至很黑，也就是所谓的积墨法。民国时期的画家黄宾虹受到他的影响，也画得很黑，继而又影响了李可染，可知龚贤影响长远，至今不绝。

龚贤《龚半千画范》选。龚贤是"金陵八家"之首，他有许多作品很早就流传到海外。

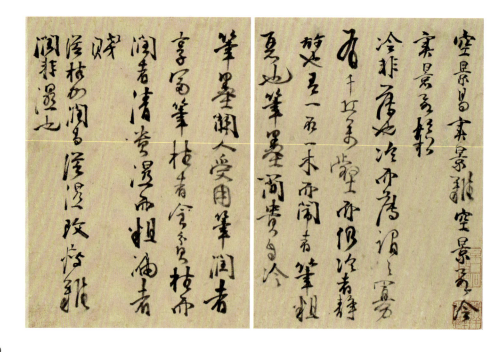

吴承恩

中国四大名著之《西游记》作者

吴承恩（1501—1582），
江苏淮安人，
生于弘治十四年，
卒于万历十年。

　　吴承恩从小就喜欢稗官野史和志怪小说，尤其喜欢唐代传奇小说，还萌生了自己写书的念头。七八岁时，他就以文才扬名江淮一带。后来吴承恩到淮安知府创办的龙溪书院读书，"弘治十才子"之一的朱应登很欣赏他读书的热情，因此把家中所藏的图书和史籍分了一半给他，这对他后来创作《西游记》助益良多。隆庆年间的首辅李春芳年轻时曾在淮安担任塾师，在那时认识了吴承恩，两人成为好友。之后吴承恩上京赴考，在北京滞留三年间，也一直受到李春芳的照顾。

吴承恩《七言诗扇》。他与当时文坛名人交游密切，包括李春芳、徐中行、归有光等人，可见他必定有很高的文才，才能写出像《西游记》这样精彩的小说。

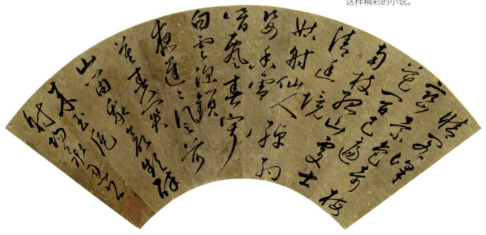

嘉靖年间，吴承恩以岁贡生授官长兴县丞，他和"后七子"中的徐中行交往密切，并和归有光共事。《长兴县志》中记载，吴承恩英敏博洽，为世人推崇，一时金石之文，多出其手。归有光任长兴县令时，吴承恩为县丞，两人为上下级的关系，曾合作三块石碑：《圣井铭并叙》（现保存于长兴县博物馆）、《梦鼎堂记》（现保存于长兴县博物馆）及《长兴县令题名记》（毁于"文革"）。吴承恩晚归有光一年到长兴赴任，两人因为在征收钱粮的政务上产生分歧，导致吴承恩以贪赃罪被捕，短暂入狱，此事改变了两人的关系。

民国初年，胡适与鲁迅两位大学者主张吴承恩为《西游记》的作者，之后遭到许多研究者的质疑。这些碑文的出土，让我们进一步了解了吴承恩的生平。

陆西星

《封神演义》影响民间文化

《封神演义》是我小时候阅读的神怪小说，里面的人物角色活泼生动，充满想象力，和《哈利·波特》相比也毫不逊色。近年来，有学者考证出《封神演义》真正的作者是陆西星。陆西星是一位秀才，却九次乡试未中，之后弃儒学道，他自称吕洞宾传授他丹法秘诀，晚年又参禅学佛。清代梁章钜《归田琐记》有一段生动的记载写到《封神演义》的来由："昔有士人罄家所有，嫁其长女者，次

陆西星（1520—1606），字长庚，号潜虚，又号方壶外史，江苏兴化人，生于正德十五年，卒于万历三十四年。道教内丹派东派的创始人。

女有怨色，士人慰之曰：'无忧贫也'。演为《封神演义》，以稿授女，后其婿梓行之，竟大获利云云。"意指将《封神演义》当作女儿的嫁妆，尔后果然成为畅销书。

有不少学者认为，陆西星擅长写文章，又精通释道，应是《封神演义》最合适的作者。梁章钜还认为，《封神演义》《水浒传》《西游记》在明代是互可匹敌的三部小说巨作。《封神演义》的内容篇幅巨大，其中哪吒闹海、姜子牙下山、文王访贤、三抢封神榜等情节引人入胜。其中的姜太公、哪吒三太子、太乙真人、财神爷赵公明、九天玄女、王母娘娘等，都成为民间信仰的重要神祇，至今香火不断。《封神演义》不仅奇妙有趣，想象力十足，更影响中国民间文化至深至远。

我买到吴承恩、陆西星的书法作品时非常高兴，因为他们创作、整理了《西游记》《封神演义》这些优秀的小说。

陆西星《行草书卷》局部。信文内容为与友人论性命之学。陆西星是著名道士，所著《封神演义》内容奇幻有趣，和《哈利·波特》相比一点也不逊色！故事中的角色后来都成为民间信仰的重要神祇。

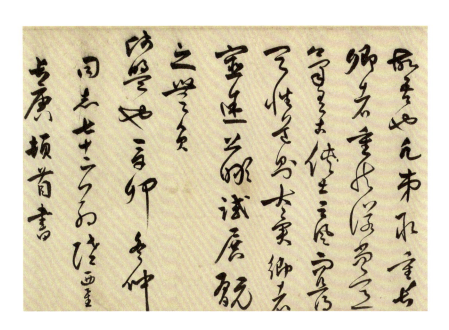

王世贞

晚明文坛领袖，"后七子"之首

　　王世贞任刑部主事时，为官正直，不依附权贵，当时的首辅严嵩对其十分痛恨。后来王世贞的父亲王忬，因滦河决堤之事下狱，虽然王世贞兄弟每天跪在严嵩门前求情，王忬仍被杀害。等到严嵩去官后，王世贞努力为其父

王世贞（1526－1590），
江苏太仓人，
生于嘉靖五年，
卒于万历十八年。
嘉靖二十六年（1547）进士，
官至南京刑部尚书。

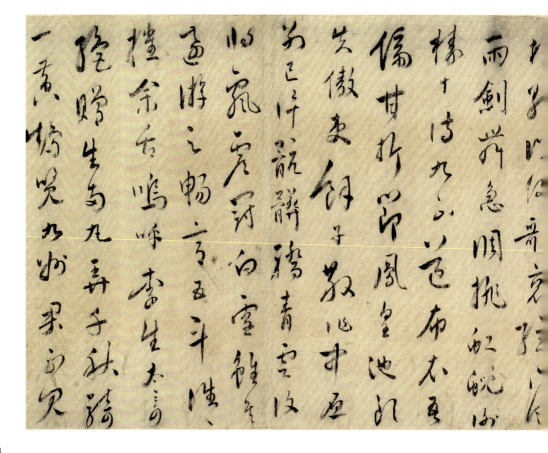

平反。

　　王世贞与李攀龙同为"后七子"领袖。李攀龙死后，他领导诗坛二十年，主张"文必秦汉，诗必盛唐"。他晚年时，文学思想转变，以"恬淡自然为宗"，王锡爵称其"自然"，焦竑说他"自讖"，钱谦益则提出"自悔"说。王世贞也是吴门重要的书画鉴藏家和赞助人，他与吴门画家陆治、钱榖、俞允文等交往，并以礼相待。李时珍完成医学巨著《本草纲目》后，携书稿至南京寻求出版机会，却苦无书商愿意出资。后来他决定到太仓拜访王世贞，央请王世贞过目书稿并写序。王世贞并未马上答应，而是

王世贞《李于鳞罢官歌》，此诗卷赠给另一位大文人李攀龙。如果没有王世贞写序推荐，李时珍的《本草纲目》也许就无法出版，可见他的文字影响力有多大。

将书稿放在手边慢慢阅读，李时珍也在这十年间大幅充实了书本的内容。此序在万历十八年（1590）写成，《本草纲目》也因此得到世人的关注，终于在万历二十四年（1596）印行。虽然《本草纲目》印行时，李时珍已经谢世，没能亲眼看到自己呕心沥血的著作出版，但若没有王世贞写序推荐《本草纲目》给出版商，或许这本珍贵的书就无法问世了。

明代最有名的世情小说《金瓶梅》，有人认为是王世贞所作。他之所以被认为是《金瓶梅》的作者，也可能是因为他文章的影响力在明代确实很大。王世贞兄弟上京为父亲王忬申冤时，徐阶积极为王忬平反复官。文学家沈德符说："那时徐阶全力协助王世贞，有人问他为什么要这样做？徐阶说：'王世贞他日必定操纵历史大权，能以笔杀人。这个人将来大有可为，我因此先收编他。'"王世贞后来在《嘉靖以来首辅传》中批评严嵩，严嵩的形象跌落至谷底，被视为众人皆知的大奸臣。可见王世贞史笔如刀，影响力至巨。

冯梦龙

"三言""二拍"之"三言"作者

我高中时最喜欢读的《今古奇观》，原来就是选自冯梦龙、凌濛初"三言""二拍"中的故事。冯梦龙少年时就很仰慕李贽，将他奉为思想导师。冯梦龙博学多闻，常

冯梦龙（1574-1646），
江苏苏州人，
生于万历二年，
卒于顺治三年。

冯梦龙的"三言"当中描写了许多小人物的生活，读来备感亲切。

与文震孟、姚希孟、钱谦益等知名文人聚会写诗。他因屡试不中，以教书为生。

　　"三言""二拍"是中国白话短篇小说的经典代表作。"三言"指的是冯梦龙编辑的《喻世明言》《警世通言》《醒世恒言》三部作品。"二拍"则是指凌濛初撰写的《拍案惊奇》和《二刻拍案惊奇》。每一部各收四十篇短篇小说，现共存一百九十八篇。"三言""二拍"的故事多批判社会不公，代表了社会普遍的道德意识，同时也反映了明代社会的婚姻与恋爱状况、读书人的处境，以及商人的生活。

　　其中较有名的故事有《杜十娘怒沉百宝箱》和《卖油郎独占花魁》。两个故事的女主角都是有名的妓女，各自存了赎身的钱。卖油郎秦重因为能尊重莘瑶琴的人格，而得到了幸福的结局。太学生李甲却因为惧怕父亲责怪他娶杜十娘进门，而做了错误的选择，最终杜十娘自杀以明志，李甲也精神失常了。从这些故事可以感受到，冯梦龙对当时身份低下的妓女不仅不轻视，甚至还歌颂她们的道德与人格，受制于传统礼教的懦弱书生反倒令人不齿。

第六篇 | 文化与生活

传至万历……
诸般食用之类，
那一件不贱……
小户人家，肩挑步担的，
每日赚二三十文，
就可过得一日了；
到晚还要吃些酒，
醉醺醺说笑话，
唱吴歌，听说书，
冬天烘火夏乘凉，
百般顽耍。……
至今父老说到那时节，
好不感叹思慕。

——《樵史通俗演义》

人生哲理：劝善·积德

　　我们小时候受到中华传统文化伦理道德的教育，那时常常能在公家机关、学校与一般家庭中，看到墙上张贴着《朱子治家格言》，那时我还不晓得"朱子"是谁，只觉得他讲的话深入浅出、通俗易懂，蕴含宝贵的人生智慧，一字一句都说到人的心坎里。长大后才知道这个人是晚明的朱柏庐，他是一位孝子，也是著名的教育家，这篇格言正是他用来教育子弟的规范，传诵至今，仍然很适合现代的生活、教育。洪应明《菜根谭》的内容则指出为人处世的哲学，涵盖人一生当中可能遇到的一切重大问题，内心迷惘的时候阅读，可以给人带来希望与勇气。更为人耳熟能详的善书《了凡四训》，几乎在大多数的素菜馆都能看到。了解袁了凡的生平以后，觉得他靠着行善积德的方式来改变命运，实在了不起。

　　《朱子治家格言》《菜根谭》《了凡四训》是我们这一代人的共同记忆，也是中国人的智慧宝典。《朱子治家格言》更内含了节能、环保的观念，现代仍然适用，还有许多人奉其为座右铭。《了凡四训》作为古代著名的劝善书，将积善、养生和长寿联系起来，可以弥补人们精神生活的不足。劝善书更是一种社会教育，日本学者酒井忠夫认为："善书到了明清两代特别发达，原因在于明清两代政府特别注重对民众的教化工作。"劝善书也带动了社会公益与慈善活动，如袁了凡是浙江嘉善人，受到他的影响，嘉善在晚明时就出了许多慈善家和慈善机构。日本学者夫马进撰写的《中国善会善堂史研究》，专门来研究中国的慈善事业，他很讶异地发现，中国的非政府组织（NGO）的慈善事业自明朝以来已有三百多年的历史，比西方红十字会还早。

　　中国的传统文化，以道德建构为核心，融合儒释道的精华，形成了适合中国人的文化体系。传统的道德教育，补充了人们的精神生活，引导人们的身心健康，促进了社会稳定。

养生之道：简单·乐活

我曾拜访"居意古美术"的张富荃先生，看见他店里墙上贴着一段文字："凡焚香、试茶、洗砚、鼓琴、校书、候月、听雨、浇花、高卧、勘方、经行、负暄、钓鱼、对画、漱泉、支杖、礼佛、尝酒、晏坐、翻经、看山、临帖、刻竹、喂鹤，右皆一人独享之乐。"我立刻用手机拍下收藏。这些文字出自晚明陈继儒的《太平清话》，仔细玩味，真令人恍然大悟，原来一个人可以有这么多的休闲乐趣，而且简单又环保。早在明代就能提出这种心灵环保、乐活慢活的养生方式，真是令人佩服！

几年前我在上海浦东国际机场内书店架上，看到山东画报出版社重新出版的高濂《遵生八笺》、李渔《闲情偶寄》、文震亨《长物志》、计成《园冶》等一系列的图书，我很是感慨，原来晚明人的生活美学竟然能影响到现代。这些书直到现在还是非常实用的百科全书，有很多人在阅读。《遵生八笺》的作者高濂是著名戏曲家、养生家及收藏家，由于他自幼体弱多病，之后又患眼疾，所以相当注重养生，喜欢寻访奇方秘药，最后治好了自己的眼疾。高濂的养生方法，主要是怡情养性，并且从衣食住行上着手，最重要的是其也注重个人的内在修养。畅销书作家陈继儒二十九岁时便焚弃儒冠，隐居著述，他撰写的闲居指导手册《岩栖幽事》，指导人如何起居坐卧，行止优雅。陈继儒的养生专书《养生肤语》，更强调重视"气"的养生观，并且归纳了寡欲保神及起居调摄诸法。袁了凡也曾撰写《摄生三要》，提出聚精、养气、存神为养生的三大纲要，并劝人寡欲、节劳、息怒、戒酒、慎味。李渔的《闲情偶寄》被幽默大师林语堂称为"中国人生活艺术的指南"，养生的写作成为一种美学与品味的展现，同时也是反省个人身体与环境间的关系，思考自然与人文的平衡。

晚明的养生书内容包罗万象，如同百科全书。再加上养生观与物质文化紧密结合，食物、器物、家具、文具等几乎所有日常生活所触及之物，都能赋予怡情养性的含义。明代的养生不只是为了强身、治病、抗老，更是晚明文人表现个人品味、寻求自我认同的重要方式，与现代人乐活、慢活的概念相似。

生活品味：品茶·焚香

2015年，何创时书法艺术基金会在江苏省美术馆举办"紫金明月"展览。我遇到一位研究香道的上海收藏家吴清先生，他说他专程来看香道大师周嘉胄的作品。我们展开了长卷后，他拱手顶礼，感佩不已。晚明周嘉胄，可说是香道的集大成者。他写的《香乘》，通过实地考察，对古代以来的香道进行了整理。东林大儒高攀龙一日中要焚三次香，每逢读书、静坐没有不焚香的，可见香对晚明士人是生活必需品。周嘉胄将香道提升到极高的文化境界，所以备受后人推崇。

中国的香文化随着时代演变以及物质、精神文明的提升而发展，焚香使用的材料与器具，如香炉、箸瓶、香盒等，都日益精巧，成为文人雅士的玩赏之物。焚香的过程也需要技巧，并且饶有情趣，通过眼观、手触、鼻嗅等品香形式，对名贵香料进行全身心的鉴赏和感悟，不同的香味更可以引发人不同的情感。

明人生活的美学追求是雅、古、隐。除了外在的装饰，更要求内在的神韵。明代士人们将生活审美化，审美生活化，只要是日常生活可触及的事物，都能成为美感的投射对象。明代生活大师文震亨撰写《长物志》，以"长物"总称身外之物，并提出针对这些事物的美感品味，全书分为室庐、花木、水石、禽鱼、书画、几榻、器具、衣饰、舟车、位置、蔬果、香茗十二卷。文震亨认为，焚香品茶，益处很大。人浸淫于香、茗之中，可以得到精神上的愉悦，修养心性，进而增添生活的诗意与情调。

中国饮茶文化有悠久的历史，是开门七件事"柴米油盐酱醋茶"之一。其中不仅包含物质文化，更代表着中国人的精神文明。中国人认为从种茶、制茶到泡茶、品茶，均需要高妙的技艺，历朝历代也涌现出大

文伯仁《葛仙翁移居图》中的茶炉　　　　　文伯仁《葛仙翁移居图》中的香炉

量与茶有关的各种艺术作品。到了明代，茶的形状已逐渐由团茶变为散茶，并且烹茶方式由煮茶改为泡茶。在明代的山水画中，我们时常可以看到文人喜欢到山中寻幽访胜、品茗听泉，身旁都有小僮煮茶。明人借茶的清香淡雅来驱逐杂念，得到心境的平和，并升华生活境界。

才女艺伎：才情·侠义

晚明的作家多不胜数，但我最佩服余怀，为什么呢？因为他敢于打破传统，为身份地位较低的艺伎们作传。余怀的《板桥杂记》为数十位艺伎作传，并倾力刻画人物，企图"品藻其色艺，或仅记其姓名，亦足以征江左之风流，存六朝之金粉也"。这些艺伎虽然出身低微，但是才艺出众、善解人意，激发文士的创作才华，更极具勇气，寻找自己生命的伴侣。此外，她们侠义过人，更甚于男子。

明代中晚期，社会风气逐渐开放，"男女平等""才德不相妨"的看法也逐渐为人接受，愈来愈多的女子开始接受教育，并且学习绘画技能。不只是闺阁良家妇女，青楼的名伎也努力学习琴棋书画，以满足具有艺术修养的文士雅客。明代的艺伎是一个独特的群体，她们文学造诣相当高。细看《板桥杂记》，艺伎尹春的容貌不算特别美丽，却精工戏曲，听众皆为之倾倒；顾媚通文史，善画兰，追步马守真，更精通南曲，时人推为第一；董小宛书翰皆通，食谱茶经，莫不精晓；卞玉京工小楷，善画兰、鼓琴。

晚明艺伎，原为才子佳人而设，并非仅止以色侍人。这些才艺出众又善解人意的女性，使文人雅士文思泉涌，创作出许多传世不朽的诗文书画。名士陈子龙、钱谦益、吴伟业、冒襄、余怀都因此留下脍炙人口的作品，如余怀《板桥杂记》、吴伟业《圆圆曲》《听女道士卞玉京弹琴歌》，以及冒襄为了追悼董小宛，写下抒情叙事回忆录

《影梅庵忆语》等等。

女子勇敢追求生命伴侣的积极态度，也表现在晚明艺伎身上。柳如是女扮男妆过访半野堂，与名士钱谦益诗酒文宴，最终结为连理，此乃是为人津津乐道的美事。顾媚听从好友陈梁"早脱风尘，速寻道伴"的建议，嫁给才子龚鼎孳，后来受封为一品夫人。董小宛倾慕冒襄才名已久，主动表达委身之意，后来柳如是、钱谦益帮助，得以赎身，成就了一对佳偶。

身处明清改朝换代剧变中的艺伎们，气节更不让须眉。钱谦益的爱妾柳如是更有女侠之风，除了为董小宛赎身，还数次拯救下狱的钱谦益，更暗助明遗民们的复明运动，当时的人都说："假名儒不如真名伎。"方以智妹夫孙临的侧室葛嫩娘在受清兵逼迫时咬舌自尽，以满口鲜血喷向意欲凌辱她的清军将领，随后跳太湖殉难。著名戏曲《桃花扇》描写李香君得知阮大铖匿名赠送其丰厚的妆奁以拉拢侯方域后，她坚决退回，不肯收受。其后阮大铖强行将她送给田仰为妾，李香君跳楼反抗，鲜血染于绢扇，好友杨龙友就血迹画为桃花，题为"桃花扇"。顾媚倾力拯救抗清遗民阎尔梅，将他藏匿于家中，使他免除杀身之祸；她很赏识朱彝尊的文才，在他最落魄潦倒时，以自己的私房钱资助他。还有因为吴伟业《圆圆曲》而留名青史的名伎陈圆圆，她影响了吴三桂，更间接影响了明清之际的历史！

千禧年（2000）时，美国《时代杂志》（TIME）访问著名历史学家史景迁，问他最希望活在人类历史的哪个时空？他的答案是："中国晚明的江南。"晚明时期的人、事、物、文化与生活美学，至今仍影响着我们。

《桃花扇》中的
女主角李香君。

从万历时代的生活大师身上，
我们看到了中国人的处世哲学、生活智慧、审美情趣及养生观。
他们不但呈现东方美学的高度，
更得到物质和精神生活的自足之乐，
这些先贤的精神与思想值得现代人尊敬和效法。
此外，明代的名媛和名伎，其文学造诣可和文士们匹敌，
在绘画、歌唱、棋艺等方面都各有专精，
这些奇女子才情和侠义兼具，实在令人赞叹神往。

袁了凡

《了凡四训》：行善改变命运

前几年我们在上海举办"万历万象"大展时，台湾的朋友听说有展出袁了凡的书法作品，积极踊跃，纷纷表示想组团专程来参观。

袁了凡本名袁黄，在其年幼时，请孔半仙卜算命运，数次应验，便接受了他"只会中举人，年仅五十三"的预言。三十七岁那年，他在南京栖霞山遇到有名的云谷禅师，两人对坐三天三夜，心中毫无杂念，禅师讶异在家居士为何能有此定力，他回答：一生已定，故无所求。云谷禅师含笑点化他，只要为善助人，就能改变命运。袁黄从

袁了凡（1533—1606），
名黄，字坤仪，
江苏吴江人，
生于嘉靖十二年，
卒于万历三十四年。
万历十四年（1586）进士，
曾任河北宝坻县令、兵部主事。

此改名为了凡，积极行善，不仅生子，且以五十四高龄考中进士，完全推翻了命运天注定的说法。就是在那一年，他虔诚地抄写《太上感应篇》，劝人改过迁善。

袁了凡身为阳明后学，除对心性的探究外，也重视事功的展现。万历十六年（1588），袁了凡任宝坻知县，当地连续五年水灾，农地低洼盐碱，他身体力行，经过多次实验，带领农民改种水稻，解除粮荒，并将种植改良的方法编写为《宝坻劝农书》。万历二十年（1592），日本丰臣秀吉侵略朝鲜，明朝出兵解救，袁了凡被派到朝鲜担任军前赞画。他虽不是作战官，却运筹帷幄，对这场战役贡献极大。他对情报收集、安排行军路线、输运粮食军械、制定作战计划，以及根据双方武器装备和战术特长作出对应作战策略等，都了若指掌。套用现代官职，他是大明援助朝鲜军团的总参谋长。袁了凡凭借出色的表现，协助他的长官李如松成功收复平壤。

袁了凡在此次战役后辞官归乡。六十九岁时，在家乡将他一生改命的经验写成诫子文，就是后来流传后世的《了凡四训》，内容有立命之学、改过之法、积善之方、谦

袁了凡《太上感应篇》局部。此卷书于他中进士那年。袁了凡以行善改变了自己的命运，并且撰写了《了凡四训》，流传至今，日本人称此书为"带来幸福之书"。

德之效四大篇，也叙述了自己从早年任命运摆布到后来改变心念、命运的历程。这本书对于改变命运有明确的实践方式，得到二十世纪初期佛教净土宗印光法师的大力推广，并将此书大量印制，使其普及到各地。

吕坤

《呻吟语》：修身、齐家、治国、平天下指南书

吕坤的《呻吟语》刊刻于万历二十一年（1593），当时五十八岁的吕坤担任山西巡抚，见证了万历初年张居正的改革，以及"万历三大征"中的宁夏、朝鲜之战。天下虽表面安定，但乱象丛生，人心亦乱，社会问题频频出现。吕坤在《呻吟语》原序中提到，"呻吟语"是生病时的疾心痛语，所以以之为书名，隐含批判时事之意。书中探求人生，思考宇宙，谈论哲理，抨击时弊，也涵盖人生修养、处世原则、兴邦治国、养生之道等，内容非常丰富，后世认为此书是修身、齐家、治国、平天下的指南书。

吕坤敢言时事，与沈鲤、郭正域被誉为万历时期的"天下三大贤"。万历二十四年（1596），皇帝为增加宫廷收入，派遣太监到各地采矿。太监找到当地富人，指称家中或祖坟下有矿脉，要缴巨额矿税。次年，吕坤上《忧危疏》，批评战争与黄河决堤花费很多钱，皇室过于浪费，为增加开销又征收矿税。朝廷得到一两黄金，地方郡县却要浪费千倍来开矿，直言矿税不可行。幸好万历皇帝对他宽容，其并未获罪。

吕坤（1536—1618），河南商邱人，生于嘉靖十五年，卒于万历四十六年。万历二年（1574）进士，历任山西按察使、巡抚、左右佥都御史、刑部左右侍郎。

吕坤《救命书》选。此书是因应明末盗匪猖獗，教导百姓组织民团、防卫乡里的指导手册。

沉静最是美质，盖心存而不放者。今人独居无事，已自岑寂难堪，才应事接人，便任口恣情，即是清狂，亦非蓄德之器。

——吕坤《呻吟语》

怒人有六：或彼识见有不到处，或彼听闻有未真处，或彼力量有不及处，或彼心事有所苦处，或彼精神有所忽处，或彼微意有所在处。先此六怒而命之不从，教之不改，然后可罪也已。是以君子教人而后责人，体人而后怒人。

——吕坤《呻吟语》

　　吕坤在担任山西按察使时，采辑历史上贤妇烈女的事迹，撰写了《闺范》一书。这本书流传很广，后来被太监带入宫内，当时受到万历皇帝宠爱的郑贵妃在书后补上了另外几位后妃和自己的传记，改名为《闺范图说》再次刊行。郑贵妃欲借此留名后世，这时有匿名者撰写文章，诬陷吕坤《闺范》一书是在讨好郑贵妃，勾结外戚、图谋不轨。万历皇帝大怒，但是找不到这篇文章的作者。吕坤最后虽然幸免无事，却深感政治黑暗，随后称病退休。他去世前，将未刊的手稿烧毁，以免牵连家人。天启初年，他被追封为刑部尚书。《明史》将吕坤与海瑞同传，两人都以敢指陈时弊著称。

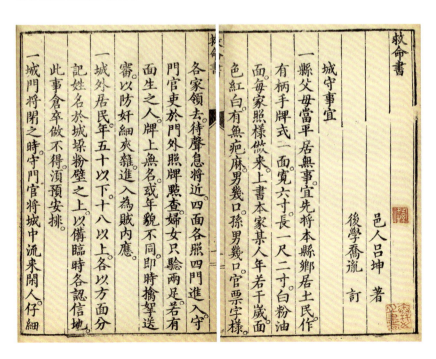

189

朱柏庐

《朱子治家格言》：必读的治家经典

朱柏庐生在动乱的时代，际遇悲惨。父亲朱集璜是明末学者，顺治二年（1645）临时被推举为知县，守昆山城抵御清军，但是仅守城一日，就被攻破，投河殉国。朱柏庐昼夜恸哭，痛不欲生。当时他的弟弟朱用白、朱用锦年纪尚小，最小的弟弟朱从商还在母亲腹中。为了保全一家，他侍奉老母，抚育弟妹，四处流离。等到局势稍定，才返回故里江苏昆山从事教育。

朱柏庐原名朱用纯，因为景仰二十四孝中西晋王裒的孝行，遂取号为柏庐。朱柏庐一生在乡里教学，从未做官，曾以精工小楷手写数十本教材。康熙年间，朝廷开博学鸿词科，用以延揽前明士人，朱柏庐以遗民自居，坚决辞召。

人人熟知的"黎明即起，洒扫庭除，要内外整洁。既昏便息，关锁门户，必亲自检点。一粥一饭，当思来处不易，半丝半缕，恒念物力维艰"，即是朱柏庐所创制的"治家格言"，此内涵与现代人提倡的节能观念相似。《朱子治家格言》通篇以修身、齐家为宗旨，集儒家做人处世态度之大成，劝人勤俭持家、安分守己，被尊奉为治家经典。文字为名言警句的形式，琅琅上口；用词通俗易懂，便于口头传诵，也可写成对联条幅，挂在大门、厅堂和居室中，因此迅速流传，成为清代以来童蒙必读的名篇。

朱柏庐（1617—1688），
名用纯，
江苏昆山人，
生于万历四十四年，
卒于康熙二十七年。
与徐枋、扬无咎
并称"吴中三高士"。

籍望曳月下蓬壺 兒東皐種白

橋六甲歲雷藏瑞檜五龍雷電繞

霜都惟教鶴探于丘信不使人窺

太乙爐詞說蒼陂風涼潤許騎青

荇澗行無　書為

祥生老姪　柏廬用純

朱柏庐《录唐
褚载赠道士
诗》。《朱子
治家格言》被
奉为治家与修
身的经典之
作。

洪应明

《菜根谭》：处世奇书

洪应明在万历三十年（1602）前后，曾经住在南京秦淮河一带，与袁了凡、冯梦桢、于孔兼交游往还。

洪应明早年热衷于仕途功名，晚年归隐山林，沉浸于道家与佛家。《菜根谭》有万历八年（1580）进士于孔兼的序文。《菜根谭》流传于世，纯属意外。乾隆五十九年（1794），遂初堂主人在一间古刹的旧纸堆里发现此书，翻读之下发现和禅宗有关，于是重新誊抄并加以刊行，这才使之广传于世。

《菜根谭》的书名取自宋朝作家汪革之句："人就咬得菜根，则百事可成。"后人将明朝洪应明《菜根谭》、陈继儒《小窗幽记》和清朝王永彬《围炉夜话》并称为"处世三大奇书"。《菜根谭》融合儒、释、道三家思想，包含处世哲学、生活艺术和审美情趣等，文字雅俗兼备，对仗工整，辞藻优美，耐人寻味。由于书写的时代背景是万历中后期，政治与社会矛盾日益尖锐，有识之士只能诉诸笔墨，发泄苦闷。此书处处都是对世间万象的观察，并以智慧隽永的语言分析评论，无论在治国、平天下或个人修身、齐家方面都使人获益匪浅。

洪应明，
生卒年与籍贯均不详。

洪应明《菜根谭》，
百花文艺出版社。

作事勿太苦，待人勿太枯。忧勤是美德，太苦则无以适性怡情；淡泊是高风，太枯则无以济人利物。

原谅失败者之初心，注意成功者之末路。事穷势蹙之人，当原其初心；功成行满之士，要观其末路。

富者应多施舍，智者宜不炫耀。富贵家宜宽厚，而反忌刻，是富贵而贫贱其行矣，如何能享？聪明人宜敛藏，而反炫耀，是聪明而愚懵其病矣，如何不败？

——洪应明《菜根谭》

屠隆

《考槃余事》：赏鉴清玩，生活艺术指导书

屠隆（1543—1605），
浙江鄞县人，
生于嘉靖二十二年，
卒于万历三十三年。
万历五年（1577）进士，
历任吏部主事、郎中等官。

2015年诺贝尔生理学或医学奖获奖者是屠呦呦教授，我一看到她姓屠，又是宁波人，就猜想她和屠隆可能是同一个家族。后来看到网络报道，她果然系出浙东望族的甬上（宁波）屠氏，她们家族在明清两代人才辈出，万历年间的大名士屠隆正是她的祖先。

屠隆是有名的才子，他的修行老师是万历首辅王锡爵的女儿昙阳子。昙阳子俗名王焘贞，十七岁时原本许配给徐景韶。不久，男方病死，王焘贞以未亡人自居，专心修道。有一天她慧眼顿开，觉得自己是昙鸾菩萨化身，于是取法名昙阳子。得道后，她的父亲王锡爵以及大文人王世贞都拜她为师。万历八年（1580），二十三岁的昙阳子预告死期，在信众目视之下，于徐景韶墓旁得道化去，造成极大轰动。当时屠隆正在上海的青浦任官，无法前来。两年后屠隆以青浦县令的身份进京，途经江苏太仓，特意前往供奉昙阳子的恬怡观参拜。在众多昙阳子的文人弟子中，屠隆的求道之心非常坚定，积极宣扬她的教义，并且奉赠她的画像给朋友。

屠隆为高濂的养生著作《遵生八笺》写序文，《遵生八笺》中有一项是赏鉴清玩，屠隆加以发挥，写成了《考槃余事》。此书是记录明代文人生活美学的著作，共分为十五项，包括书画、文房用具、琴、香、茶、盆玩、山斋起居以及游玩时应携带的用具等等。此书篇幅短小、内容

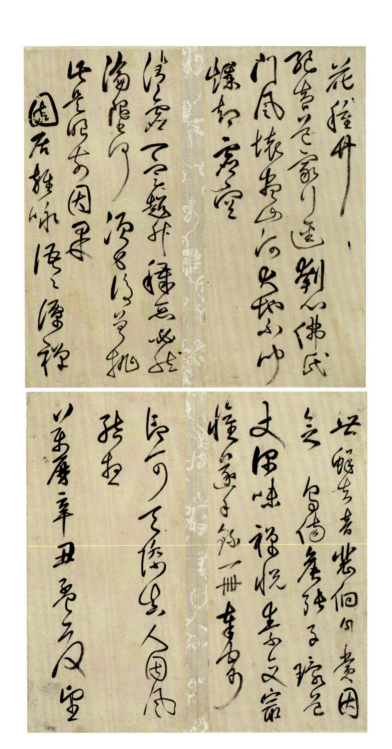

屠隆《园居杂咏》诗册选。屠隆鼓励汤显祖创作戏曲，是《牡丹亭》创作成功的幕后推手。

详实，用语简约，文采斐然，可说是当时文人生活艺术的指导书。

万历时期，屠隆的名声比好友汤显祖响亮得多，屠隆的戏曲也更加叫好叫座。在汤显祖担任遂昌知县时，屠隆时常去拜访他，汤显祖总会拿出自己的戏曲创作向屠隆请教。屠隆协助汤显祖改订《紫钗记》，更鼓励汤显祖撰写《牡丹亭》，是这部巨作问世的幕后推手。

明代是清言小品盛行的时代，这是一种格言随笔文学。在此风潮下，屠隆发展出另一种风格，虽然也用浅显的文字，夹杂流行语来讲说人情世故，但更多是借用佛家的教义和故事来发挥。屠隆将自己的清言文字编辑成书籍，并取名为《娑罗馆清言》。

屠隆的书法册页《园居杂咏》即是出自此书。"娑罗"的典故来自于佛陀在娑罗林下入灭，清楚表明了书中带有佛理。昙阳子会针对每个门徒的毛病，作不同的告诫。她对屠隆的告诫是要舍弃文字癖好，不要逞才，以便契入修行大道。

屠隆《与徐益孙书》。内容提及寻访昙阳大师遗墨之事。

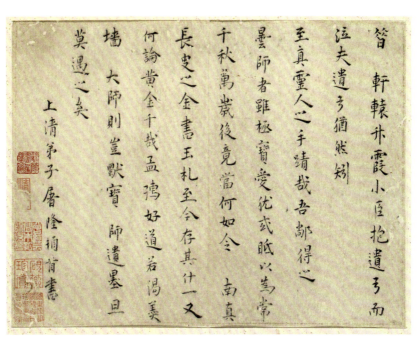

陈继儒

《小窗幽记》：一人独享之乐

前几年，我看冯小刚导演的电影《非诚勿扰2》，其中有生前告别式的情节，我想到明代的陈继儒也做过同样的事。陈继儒邀请好友来家里吃饭喝酒，希望朋友们不要等到他死后才来敬酒，这样的想法相当前卫，也极富意义。他认为要悟透生死，人生才能海阔天空，死前还为自己写挽联，一生过得十分潇洒。

陈继儒是晚明的大才子，二十九岁后拒绝科考，以做一个隐居名士为乐。这些名士强调生活情趣，热衷艺文，在当时被称为"山人"。陈继儒几乎是山人的代名词。他虽不做官，但与他结交的却不乏各领域的一流名人，像同乡董其昌就是他最好的朋友，还有旅游家徐霞客等。很多想和他见面请益的人远道而来，但都必须预约，世人因此称他为"山中宰相"。

陈继儒《岁朝云物七律》。陈继儒是明代养生专家，也是晚明知名的畅销书作家。

陈继儒隐居在小昆山，后移居东佘山（都在上海松江的佘山地区）。他是明代的畅销书作家，最擅长写小品文章，不仅自己的书卖得好，而且只要他为某本书写序推荐，那本书就会畅销。在明代只靠写书就能赚钱过日子，可见当时的社会经济条件很好，百姓也很注重文艺生活。

明代注重养生，陈继儒也写过养生类的书。他的养生方法较接近道家，讲求生活要回归自然。他在《小窗幽记》中写道："净几明窗，一轴画，一囊琴，一只鹤，一瓯茶，一炉香，一部法帖；小园幽径，几丛花，几群鸟，几区亭，几拳石，几池水，几片闲云。"这些都是静观自得之乐。明代人懂得如何不花钱，静静享受生活，这是我们现代人应该学习的。

文震亨

《长物志》：教人如何优雅生活

文震亨是明代画家文徵明的曾孙，崇祯年间任中书舍人，在朝中遭人排挤而辞官。他出生在文艺家庭，耳濡目染下自然能书会画。他擅长各类文艺创作，重视精神生活，最令人津津乐道的是他对园林的营造。

文震亨住在以生活精致而著称的苏州。他写了一本教人如何生活的《长物志》，"长物"原指多余的东西，而非必需品。他的朋友开玩笑问："你的专长是书画跟营造园林，干嘛写生活小事？"他说："如果将来人们渐渐忘了该如何好好过生活，想要重新体会或了解时，至少还有一本书可以给他们作参考。"此语正中现代人的问题。这本书揭示了明代生活的多元层面，为我们保存了丰富的文化资产。

这本《长物志》从建筑谈起，进而讲到家具、布置、饮食、衣着、动植物等，是全方位的生活百科全书，书中所提到的养生观点，如住的地方要清雅整洁，如何选择家具才能达到保健功能，以及该吃当地当季食物等，都符合现代人生活的养生观。

清军攻占苏州时，文震亨躲到附近的阳澄湖避难。后来清军执行剃发令，文震亨不从，投水轻生被家人救起，最后绝食六天而亡。他在崇祯时曾任武英殿中书舍人，负责制御琴，其所制作的琴深得皇帝喜爱，皇帝还因此赐他御书。文震亨的哥哥文震孟更是两朝皇帝的讲官。这样一个注重生活品味、深谙人文意趣的文士，却因坚守民族气节而不愿苟活，反映当时读书人高洁不屈的精神。

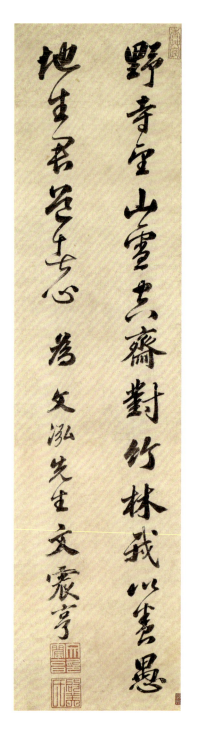

文震亨《赠文泓先生》。文震亨著有全方位的生活百科全书《长物志》。

李渔

《闲情偶寄》：中国人的美学指南

李渔（1611—1680），
原籍浙江兰溪，
生于万历三十九年，
卒于康熙十九年。

李渔是著名的小说家、剧作家，他认为戏剧对群众很有影响力，且具教育意义。他反对在剧本中用艰深、隐晦、粗俗的字眼，主张将难解的文词亲民化，将低俗的文句高雅化，文词应要创新、有趣，减少方言。他还认为剧本中的用字遣词要符合角色性格等，不可落入前人窠臼。这是民间戏曲从元朝发展到晚明时一次重要的变革，可见李渔是一个勇于创新的剧作家。

他是中国戏剧史上第一位、也是唯一专写喜剧的作家，后人称他为喜剧大师。李渔从小在苦难中成长，他认为看戏或看小说是很好的娱乐，剧本中写令人欢笑的事，不仅可为自己解闷，也能让观众开心，这就是他喜欢创作喜剧的原因。

李渔的《闲情偶寄》一书分为词曲、演习、声容、居室、器玩、饮馔、种植、颐养八部分，"颐养"中提到养生要先把心照顾好，保持乐观心态，知足常乐，以"欢喜心"游戏人间。这是现代人需要学习的课题。除此之外，这本书也包括了他的戏曲理论，对词曲创作和表演艺术都有独到的见解。

李渔的书十分热销，常有人冒名或盗印他的书。南京当时是出版业最兴盛的地方，他于是迁居南京，监督自己的书籍出版。他在南京的居所名为"芥子园"，出版店铺也用同名称为"芥子园书店"。他相当用心经营出版，总

以创新的手法引领风潮，例如，他用五色套版印刷出版了许多剧本，使书籍插图更加精美，这是当时的创新技术，影响至今。

读画家传记时，我发现很多近代大画家都是受到《芥子园画谱》的启蒙。总是洞察先机的李渔听说有人想编一套这样的画谱，他便大力支持。这本书的主要作者有王概、王蓍、王臬三兄弟以及诸升等人，主编是李渔的女婿沈心友。画谱编完后，就以李渔住所命名为《芥子园画谱》，这本画谱可说是清代前期雕版彩色印刷的巅峰之作。

李渔《秋斋读书图》。李渔是中国戏剧史上第一位专写喜剧的作家，著有《闲情偶寄》，教人欢喜过生活。

陆树声

陆树声（1509—1605），
松江华亭人，
生于正德四年，
卒于万历三十三年。
嘉靖二十年（1541）
会试第一，中进士，
历任太常卿、
南京国子监祭酒、
吏部右侍郎、礼部尚书。

陆树声以其人品学养而受人尊敬。他中进士后，先后被授官翰林院编修、南京司业、吏部右侍郎等职，有的称病告归，有的不赴任。在众多官职中，他只接下了南京国子监祭酒的职务，相当于现在最高学府的校长。他亲自拟定十二条学规，训励诸生以立志、治心为要。董其昌以及万历年间首辅沈一贯都是他的学生。陆树声的同乡徐阶、同年高拱，皆担任过首辅，他都不靠这些人的关系升官。隆庆皇帝即位后，他仍屡次被征召，但都不赴任，名声愈发受人敬重。

《茶寮记》成于隆庆四年（1570）前后，是陆树声第一次辞官在家乡时与终南山僧明亮同试天池茶而作。此文分为人品、品泉、烹点、尝茶、茶候、茶侣、茶勋七则，虽寥寥四百余言，但论及品茶与人品，讲论泉水对茶叶味道的重要性，对于研究中国古代茶道，颇具价值。《茶寮记》特别提到天池茶与烹点法。天池茶是当时的名茶，泡出来后，香气清新，滋味醇和鲜爽，汤色绿而明亮，叶底嫩匀成朵。烹点法承自宋代，热水冲调，而非与水同煮，这种饮茶的方式影响至今。

陆树声的家庭教育非常成功，他的儿子陆彦章考中进士，选翰林院庶吉士时，他写了一封信告诫他说："毋趋捷径，毋昵权门，乃吾子也。淡泊静退，此吾四子家箴，儿自佩之。"此信流传开来后，听闻的人都非常佩服。

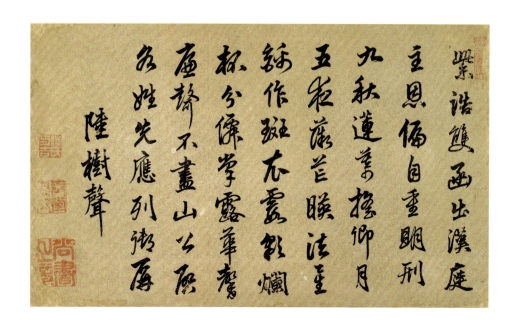

紫诰双函出汉庭
主恩偏自重朝刑
九秋莲萼擢卿月
五花藻芒映法星
绂作斑无霞彩烂
权兮儒掌露华莹
庐骄不尽山公启
名姓先应列粥厨
陆树声

陆树声一生当官时间很短，有二十年的时间在家乡居住，并且活到九十八岁高龄。他回到家乡后热心公益，资助佛教，成为一位很有名望的士绅。由于陆树声的品格高尚，他的后人不管在仕途或乡里都能维持家声不坠。

陆树声《行书七律》。陆树声品格高尚，名重乡里，对饮茶有一套自己的见解，著有《茶寮记》。

田艺蘅

《煮泉小品》：品泉品茶专家

田艺蘅的父亲是撰写《西湖游览志》的名士田汝成。田艺蘅是岁贡生，七次乡试都没考上，后来当了徽州训导，也就是县学里的老师。他的学问很好，上知天文，下

田艺蘅（1524—？），浙江杭州人，生于嘉靖三年，卒年不详。

知地理，熟知地方掌故与风俗，还曾编修嘉靖年间的《浙江通志》。

田艺蘅有一部著作《煮泉小品》，书中提到的泉水，是用来煮茶的。田艺蘅教人分辨泉水的好坏，例如，不流动的泉水喝了对身体有害，但若如瀑布般涌出，也不能煮茶，只能拿来酿酒。而茶叶的挑选和泉水的搭配也有一套学问。茶叶用直接日晒干燥的制法，品质最好。用火烤或手揉成团状、片状，会降低茶叶的香味，也有卫生问题。此外，他建议喝茶就要喝原味，加盐、姜、梅花、菊花、茉莉花等，都会影响茶原本的香气，这和现代人强调纯粹无添加物的诉求相同。田艺蘅不仅品评茶和水，也注意保护水资源。他说，若找到好泉水，绝不可以在那里洗濯衣物或身体。取用泉水更要适量，因为好泉水非常难得。

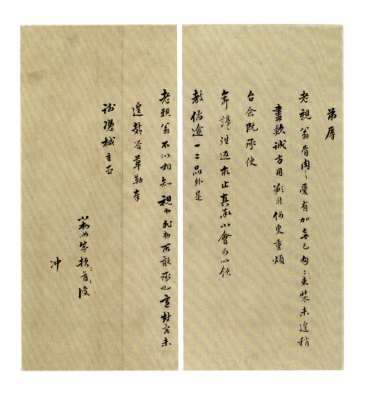

田汝成《与某人书》。田汝成撰有《西湖游览志》，其子田艺蘅为品泉、品茶专家。

龙膺

允文允武又懂茶道的奇才

龙膺家世很好，三代进士。祖父龙翔宵，初名飞宵，是王守仁亲自为他改的名字，他也是阳明学的传人。龙膺的家学渊源中也有王守仁实学的精神，他能文能武，是一位旷世英才。在文艺方面，他有诗文集传世，且创作《金门记》《蓝桥记》等剧本。在政事上，他中进士后授新都推官，善于断决疑案，被人誉为"神君"。升为礼部主事后，他曾多次上书指陈时政，后迁国子博士。

万历二十年（1592），他上《谏选宫女疏》，说万历皇帝"纵情"（不知节制）、"溺爱"（过分宠爱某人）、"繁刑"（刑罚太多），万历皇帝气得想砍他的头，幸好申时行出面为他说话，才免于一死。

万历二十三年（1595），他被贬到西宁卫（今青海地区）担任监牧通判，管理马匹、粮食、水利和一些诉讼案件。当时西宁周边的蒙古部族常到祁连山一带抢劫，龙膺便出计策平定蒙古，后来三次大破青海的蒙古部族，史称"湟中三捷"。兵部尚书石星在给万历皇帝的奏折中，称赞龙膺真是个人才，而且气度不凡，上战场杀敌也毫不畏惧。后来龙膺升职为西宁卫监军同知，全力筑起边境的城墙，防止蒙古骑兵袭扰。又因为西南地区的教育相对落后，他兴办社学，让当地子弟能够读书。他更编辑了西宁卫的第一部地方志，贡献极大。龙膺曾两次到西宁卫任职，还曾备兵甘州。

龙膺（1562—？），湖南常德人，生于嘉靖四十一年，卒年不详。万历八年（1580）进士，官至太常寺卿。

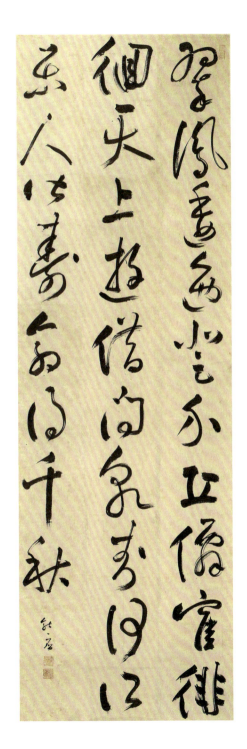

龙膺《录登封大酺歌》。此诗内容有游仙的成分，和龙膺在事功上的成就大为不同。龙膺曾出计策平定入侵青海的蒙古部族，又懂得茶道，真是文武双全！

龙膺是著名文人朱之蕃的老师，对茶道很有研究，曾撰写《蒙史》。"蒙"就是泉，"蒙史"即为"泉史"，上卷为"泉品述"，收集了各种泉品及故事五十多则，下卷为"茶品述"，辑录三十多条有关茶饮的史料。

周嘉胄

历代香事集大成，书画装裱业大师

　　随着生活品味的提升，人们开始回顾老祖先的智慧，寻找生活的核心价值，晚明的闲赏典籍因而成为关注的焦点，不断被重新翻印注释。其中《装潢志》与《香乘》分属不同的领域，然皆以其整合归纳之功，将历代装裱与香事作系统性介绍，使后续研究与爱好者有所依据。而这两部经典，都出于扬州人周嘉胄的手笔。

　　文人好香，历史悠久，晚明由于强大经济的支持，文人香事获得长足的发展。周嘉胄的《香乘》正是在此背景下，费时二十年完成的。为了精准掌握香料的特性，他亲自到各处做实地调查，展现了晚明学术的实证精神。书中有关香事与香料的史、录、谱、记、卷、志等资料十分详实。他更汇整宋代以来诸香谱的特长，通过实地考察、记录，在《香乘》中保存了很多香方。此书是现代香道爱好者可继续挖掘发扬的宝库，也是历代香书的集大成者。近年来文人香事蔚为风尚，对于历代香道书籍的整理着力颇

周嘉胄（1582－1658），
字江左，
生于万历十年，
卒于顺治十五年。

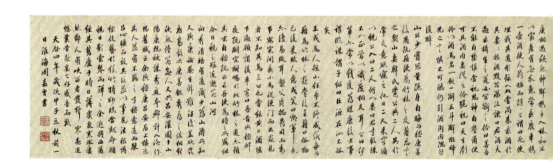

深，其中仍以《香乘》一书最为普及，影响最深。前不久，何创时书法艺术基金会在南京展出周嘉胄书法真迹，就有上海的香学专家及装裱师傅特地前来欣赏，并在作品前行礼致意。

除此之外，周嘉胄也是一位书画收藏家。他总结历代装裱经验，编写了第一部书画装裱专书《装潢志》。全书四千余言，深入浅出地介绍书画装裱修复时应注意的事项，审视气色、洗、揭、衬边、小脱、全、补的工法，简要提示皆切中旨意。书中所揭示的观念，例如"固装潢优劣，实古迹存亡系焉"以及"古迹重裱，如病延医。医善则随手而起；医不善则随手而毙"，至今仍为古书画修复者所服膺。难怪古书画修复能手皆称周嘉胄为业界的祖师爷。

周嘉胄的这两部经典之作，除了展现他广博的学识，更说明了晚明文化缋盛之世，各类精致美好的事物普及于各阶层，集大成的著作因此成为生活雅事的应用指南。

周嘉胄《竹林七贤遗事》。周嘉胄是书画收藏家，懂得书画装裱，更是香道专家，在他身上可见明代精致文化高度发达。

翻慟哭而返當遊蘇門山有隱者焉
知姓名藉問而後之楳倫此不應復
歙有為之教樓神導氣之術以觀
之彼猶以前藉曰對之長嘯良久
乃笑曰可更作藉復嘯意盡退還
半嶺許聞上喟然有聲如數部
鼓吹林谷傳響顧看乃向人嘯
也

阮咸任達不拘与叔父籍為竹林
之遊當世禮法者譏其所為咸與
藉居道南諸阮居道北諸阮富而
南阮貧七月七日北阮盛曬衣服
錦綺粲目咸以竿挂大布犢鼻於
中庭人或怪之荅曰未能免俗聊
復爾尔居母喪縱情越禮素幸姑
之婢姑當歸於夫家初云當畱婢而
自送玄時方有客咸聞之遽借客
馬追婢及與婢累騎而還論者甚
非之咸妙解音律善彈琵琶雖
處世不交人事惟共觀知絲歌酣
讌而已

劉伶放情肆志常以細宇宙齊萬物
為心澹默少言不妄交遊與阮籍嵇
康相遇欣然神解攜手入林初不

事家窘困乘小馬後便遊汲而出竟見
者不知其為三公也嘗經黃公酒壚
下過顧謂後車客曰吾昔與嵇叔
夜阮嗣宗酣暢於此竹林之遊亦預其
末自嵇阮云亡吾便為時之所羈紲
今日視之雖近邈若山河

向秀清悟有遠識少為山濤所知
又與康善鍛之康善鍛秀為之佐欣
然忘憂其康善何人又共呂安灌園于山
陽康旣被誅秀應本郡計入洛
思舊賦云余與嵇康呂安居止接近
其人並有不羈之才然嵇意遠而踈
呂心曠而放其後各以事見法嵇博
綜伎藝於絲竹特妙臨當就命顧
視日影索琴而彈之余逝將西
邁經其舊廬于時日薄虞泉寒冰悽
然隣人有吹笛者發聲寥亮追
想曩昔遊宴之好感音而歎

天啟四年歲次甲子立秋前一
日淮海周嘉胄書

竹林七賢遺事

嵇康有奇才遠邁不羣身長七
尺八寸美詞氣有風儀而土木形
骸不自藻飾人以為龍章鳳姿天
質自然恬靜寡欲含垢匿瑕寬簡
養性服食之事彈琴詠詩自足于
懷以為神仙稟之自然非積學所
得至扵薰養得理則安期彭祖之
倫可及乃著養生論其旨懷而
以高契期每思郄質而與神交
者惟陳留阮籍河内山濤豫其流
者河内向秀沛國劉伶籍兄子咸
琅邪王戎遂為竹林之遊世所謂
竹林七賢也嘗集扵西蕃宿華陽亭
引琴而彈夜分忽有客詣之稱是
古人與康共彈談音律辭致清辯
阮籍嗜酒能嘯當得意忽忘形
嚴聞步兵廚營人善釀有貯酒三
百斛乃求為步兵校尉居舍
酒無算平日又能為青白眼對之
士六白眼對之及嵇喜來吊籍作白

蔑世不交人事惟共親知絃歌酣
讌而已

劉伶放情肆志常以細宇宙齊萬物
為心澹默少言不妄交遊與阮籍嵇
康相遇欣然神解攜手入林初不
以家產有無介意常乘鹿車攜
一壺酒使人荷鋤隨之謂曰死便
埋我其遺形骸如此嘗渴甚求酒扵
其妻妻捐酒毁器涕泣諫曰君酒太
過非攝生之道必宜斷之伶曰善吾
不能自禁惟當祝鬼神自誓耳便
可其酒肉妻從之伶跪祝曰天生劉
伶以酒為名一飲一斛五斗解酲婦
兒之言慎不可聽仍引酒御肉隗然
復醉

山公少有器量隱身自晦與嵇康善
後遇阮籍便為竹林之交著忘言
契山妻韓氏覺公與二人異扵
常交意欲窺之他日二人來宿濤
以視以入曰二人何以妻曰君才致殊
不如正當以識度為友耳曰伊輩
亦常以我度為勝妻曰君度雖勝
謂時晤誅謂子紹曰臣源在

王戎為人短小任率不修威儀每與

张乔

与南园诗人唱和的岭南名伎

张乔的母亲原本是苏州歌伎，因歌唱得好，被辗转卖到广东，后来生下了张乔。

张乔性格巧慧，喜爱唱歌、写诗，因为喜欢唐诗"铜雀春深锁二乔"一句，自称"二乔"，也暗指她原是苏州人，却流落广东的身世。有人问她，"二乔"指的是大乔和小乔二人，你为什么不叫小乔？她指着镜中自己的像说："这里也有一乔呀！"

她十七岁时，美貌与才艺已远近闻名，工诗善画，尤其是兰和竹，又写得一手娟秀的毛笔字，许多名人都喜欢来捧场。虽身陷烟花巷，张乔却很洁身自爱，卖艺不卖身，尽管广东的富家公子们都捧着金银珠宝想得到她的青睐，张乔却不屑一顾。她敬慕才华洋溢的文士，所以和陈

张乔（1615—1633），生于万历四十三年，卒于崇祯六年。

张乔《兰竹图》。张乔貌美聪慧，是岭南诗人爱慕的名伎。

子壮、黎遂球、彭孟阳等岭南诗人，特别是"南园诗社"的诗人交往密切。她常参加这些名士的文酒聚会，后来还有意与彭孟阳结为连理。十九岁时，某天她在供奉战国时代治水的李冰父子的"水二王庙"中过夜，梦见水神要即刻娶她为妃，醒来后就生病过世了。彭孟阳出资将她葬于广州白云山，同时邀集诸名士，各自为她赋诗一首，她的墓被称为"百花冢"。

柳如是

陈寅恪为她写《柳如是别传》

柳如是（1618—1664），
本名杨爱，
后改名柳隐，
生于万历四十六年，
卒于康熙三年。
秦淮八艳之一。

柳如是能诗善画，《玉台书史》称其"赋诗辄工""作书得虞褚法"，可惜她传世书迹非常稀少。钱谦益绛云楼藏书付之一炬后，晚年自言"手穷欠钱债多，腹穷欠文债多"。为人撰文的润笔之资，是他晚年生活的部分收入来源。然而他年老体弱，不堪重负，还曾托晚辈黄宗羲为他代笔三篇文章。柳如是身为钱谦益最亲近的贤内助，也有可能为他代笔撰文。根据日本汉学家内藤湖南的研究，钱谦益《蒙叟遗文》册页，纸墨精良，由书风与文气来看，有可能出于柳如是之手，此论为许多专家学者所认可。

柳如是的逸事相当迷人，以至于大学者陈寅恪读了她的诗词后也不禁赞叹，更用余生精力写下八十万言的巨作《柳如是别传》。

　　秦淮名伎与东林复社名士交好者颇多，十五岁的柳如是初恋对象是同龄的宋征舆，之后又爱慕陈子龙的才华，在崇祯八年（1635）陷入热恋，期间因受陈子龙熏陶，她诗文功力大增。最终由于陈家复杂的家庭关系及不宽裕的经济，两人被迫分手。

　　崇祯十二年（1639），柳如是结识年长她四十余岁的杭州富商汪然明，之后经汪然明的牵线，认识了终身伴侣钱谦益。她女扮男装到常熟拜访钱谦益，受到热情款待，钱氏很欣赏她的诗。两人词赋唱酬，情投意合，很快进入热恋期。钱谦益为她构筑"我闻室"，取《金刚经》"如是我闻"之意，也切合了柳如是的名字。

　　崇祯十四年（1641）六月，钱谦益在松江正式以大礼迎娶柳如是。那时钱谦益的正室还在，士绅们知道他娶的是名伎，一时舆论哗然，还有轻薄的少年朝着礼船丢石头。那一年，新郎六十岁，新娘二十四岁。

　　崇祯十六年（1643），钱谦益在半野堂后建藏书楼，笈藏多年来累积的古籍善本。他将柳如是的来到比喻为绛

兵憲沁州王公泊翁老祖臺
荣擢濟南大參釴
古帝王之柄於求賢者灼知
其人之俊乂歟加柄用而於
年少資淺輕俊之預於館職
試必更事稍以士君子之充
肩大任建有勳業者亦不屑
呂其身安家禁近坐享清華

而必歆應中外為朝廷分胘
胘耳目之寄諴以牧伯卿士
相為教程有出入勞逸之分
參親隊近遠之別將使公輔
之籲遺之子孫人材之勃歸
之軍國斯已矣
沁州王公以相門郎族為偶
林李子權第文昌待詔金馬
家風地望照耀江左継而沙

錢牧齋送王柏翁序為順治十八年作牧齋年八
十矣東署新主題立之第一年丑五月既曰
祖巳前于是歲云月而晉祖諟祚也但書曰新主
辭近一輕侮豈夷之耶牧齋柚身後實驻胎
夫人代書者二峯先生以為然否

二十世纪初期，日本历史学家内藤湖南提出了新见解，他认为此书带柔媚之态，将之定为柳如是代书之作。

云仙子下凡，因此将藏书楼命名为"绛云楼"，此楼日后更有"江南第一藏书楼"的美誉。钱谦益平时酬酢文字多，柳如是便成为他的得力助手。钱谦益对典故有所疑虑，她便入楼协助翻阅查考。在汗牛充栋的书库内，柳如是总能精确无误地找到典籍中的段落。这让我想到国学大师陈寅恪也有同样过目不忘的本领，无怪乎他会如此欣赏柳如是，并在晚年撰写八十余万字的遗作《柳如是别传》。在清初复杂多变的政治环境中，钱谦益曾经两次下狱且几遭不测，多亏柳如是奔走营救才幸免于难。顺治五年（1648），钱谦益因支助黄毓祺抗清，事泄被捕，发妻陈氏及子女噤若寒蝉，此时卧病的柳如是却起身四处奔走打点，拜托朝官们相助，终于救出钱谦益。不久后，钱谦益又因案被牵连，银铛入狱，押解北上。此次柳如是随行护送，对监押官说："必须让我与夫同行，否则我就死在你们面前。"到了北京，柳如是又动用关系打点上下，钱谦益两度死里逃生，此后两人情感更加紧密。

康熙三年（1664），钱谦益去世。家族内哄随之而起，族人以为柳如是是女流之辈好欺负，便以族中某人之命为借口，上门逼讨三千两。她知道难逃此厄，先告官府，上楼作势取钱，从容写完遗书，随即自缢而死，财产亦获得官府保护。柳如是慨然一死以保全家业，也救了家人。儿辈感念这位后母，将她葬于拂水山庄，相距钱谦益墓仅四十步。棺木用铁锁悬于墓室，以明其不践清朝土地之志。

顾媚

眉楼名伎，义举过人

晚明南京的秦淮河畔，是士子争取功名时抒发郁结情绪的温柔乡，也是报国之士云涌群集畅谈时政的大舞台。当时在南京的青楼中，顾媚所居的"眉楼"最富盛名。

她工诗文，擅长音律，诗词清丽幽婉，颇具唐宋之风。绘画上，尤其擅画兰，能出己意，直追马守真。

顾媚居住的"眉楼"，当时被戏称"迷楼"，来访的文人无不被她迷得神魂颠倒。被邀请到"眉楼"俨然成为一种风雅的标志，访者也被赋予"眉楼客"的雅号。在秦淮八艳中，顾媚的性格与柳如是较为接近，都以豪迈激昂、任性嫉俗著称，颇具英豪气概。人们称她"眉兄"，正如

顾媚（1619—1664），一作顾眉，字眉生，号横波，江苏南京人，生于万历四十七年，卒于康熙三年。秦淮八艳之一。

万历驾到

顾媚《兰花图卷》。顾媚曾
拯救阎尔梅，并资助朱彝
尊，真是一位奇女子！

柳如是自称"弟"一样。

　　以顾媚的绝艳丰姿，身边不乏追求者，但论及婚嫁总不能当儿戏。直到崇祯
十五年（1642），合肥才子龚鼎孳来到"眉楼"，顾媚才由此展开了一段不同的人
生。龚鼎孳十八岁就考上进士，遇到顾媚之前，在湖北当了七年的县令，颇有治
绩，但也只是个七品小官。与顾媚定情时，龚鼎孳更上层楼，入京任兵科给事中，
年轻气盛，亟欲一展抱负，因此频频上疏弹劾权臣，名声轰动京城。顾媚北上与
龚鼎孳团聚，路程固然艰辛，但也总算脱离了秦淮的歌伎生涯。无奈的是，国家
正值存亡关头，臣民也面对一连串磨难。龚鼎孳先降大顺，后降清朝，心中的纠
结煎熬可想而知。

　　龚鼎孳入仕清朝后，生活环境相对稳定了。夫妇二人热心提拔后进，接济友
人子弟，不惜耗尽资产，因此得到了大家的敬重。他们在家中庇护了不少遗民，
有些人甚至住上十几年；有人无力丧葬，他们不仅出钱出力，还代为抚养子女。
顾媚去世后，龚鼎孳回忆往昔朋友有难时，顾媚总是全力支持排解困难，不禁感
叹夫妻合力的日子已不再。

　　顾媚富侠气，她的义举可从两件事看出。一是她曾拯救被清廷通缉的遗民阎尔
梅，将他藏于家中，使阎尔梅幸免于难。二是著名学者朱彝尊在最困苦潦倒时，顾
媚因欣赏他的才学，曾以私蓄资助他。

龚鼎孳在顺治朝的仕途并不顺遂，直到康熙三年（1664）五十岁时才升为刑部尚书，达到为官生涯的高峰。不幸的是，顾媚也在这一年以四十六岁之龄病逝，哀悼的车乘有数百之多，可谓备极哀荣。龚鼎孳将其遗体移回合肥老家安葬，秦淮著名的说书人柳敬亭、曾被顾媚相救的阎尔梅，都远道而来参加葬礼。

黄媛介

鬻画持家的闺阁书画家

晚明文坛祭酒钱谦益品评当世女性才人，特别推崇王微、柳如是、黄媛介三人。其中黄媛介兼擅诗书画，是闺阁才女中十分耀眼的一位。

黄媛介精擅诗词，楷书出于王羲之《黄庭经》，山水学吴镇。著名文人钱谦益、吴伟业等都与她为文字交。王士禛在《池北偶谈》中讲了一个故事，复社领袖张溥某次在众人前高谈阔论，屏风后头有一位女子在偷听，这位女子就是黄媛介。张溥知道是大才女黄媛介，便上门求婚。黄媛介虽仰慕张溥的才气，却未动心。此时黄媛介已许配给嘉兴杨世功，但因杨家清贫，久久无法迎娶，父兄多次要求重新定亲，她都坚持不从。

黄媛介最终还是嫁入了杨家，却因为谋生艰难，而在西湖边租了间小房子，以贩卖书画自活，俨然是当今的街头画家。从传统男主外女主内的观点来看，杨氏夫妻的身

黄媛介（1620—1669），字皆令，浙江嘉兴人，约生于泰昌元年，约卒于康熙八年。

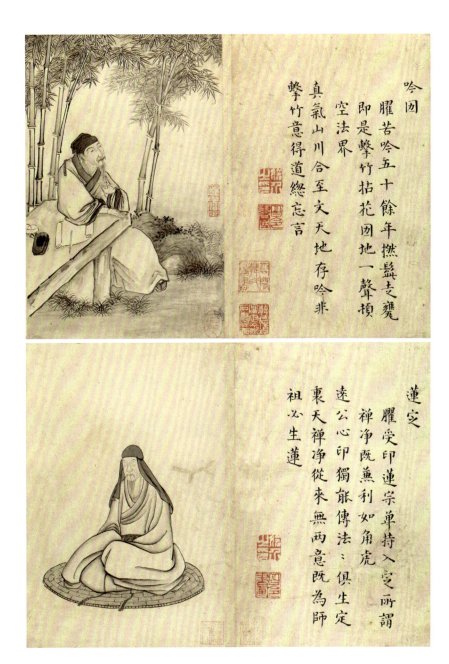

吟囧

臞苦吟五十餘年撚髭之龕
即是擊竹拈花囧地一聲頓
空法界
真氣山川合至文天地存吟非
擊竹意得道總忘言

蓮定

臞受印蓮宗單持入定所謂
禪淨旣蕪利如角虎
遠公心印獨靝傳法：俱生定
裹天禪淨從來無兩意旣為師
祖必生蓮

黃媛介《仕女圖冊》選。此畫冊
呈現了許多佛教修行活動：吟囧、
著書、蓮定、山心、味像、侍禪、
翻經、繡佛、腕蘭、課笠。

份是倒置的。杨世功记录了一次风雨夜，在河边送别爱妻的场景，当他远眺对岸，看见她瑟缩在一座破旧的驿站中，书箱和行李散落一旁，杨世功为之感到亏欠。然而黄媛介的才华与努力毕竟是受人肯定的，剧作家李渔的传奇《意中缘》面世，书面上标出的"禾中女史批评"，指的就是黄媛介。

黄媛介与柳如是二人是闺中好友，钱谦益绛云楼落成后，柳如是常邀黄媛介前来做客。两人拈笔泼墨，诗词酬酢，游园赏梅。柳如是在生活上衣食无缺，对于黄媛介这样的姐妹自然资助不少。黄媛介诗中曾写道"黄金不惜为幽人"，是感谢柳如对她的帮助。

在明末清初的才女群中，很少有人能像黄媛介那样，囊括了新时代女性的自由与限制。作为一位女性职业书画家与诗人，她脱离了三从四德的传统羁束，成为奔波四方的游者，也因多重的苦难与奇遇，造就了多彩多姿的传奇人生。

薛素素

驰飞马的十项全能女侠

薛素素
名薛五，字润娘，
一作润卿，号雪素，
苏州人，寓居南京，
生卒年不详。

清初大文豪朱彝尊曾称赞一位女子有"十能"，诗、书、画、琴、弈、箫、绣之外，还善驰马、走索、射弹，以女侠自命。

这位女侠是南京秦淮的名伎，名叫薛素素，活跃于万

秋風長玉砌琳術能使商秋自帝
搖開雲有倘老尖寫秀石依遲
野菊香
薛氏素：

林雲如鶴傳蘭居遠悟忙年雨妾宿對
鏡自憐還以惜驗間大敬報重即
薛素素題

薛素素《竹菊奇石图》。薛
素素是一位十项全能的才
女，不论在当时还是后世，
都令人敬佩不已。

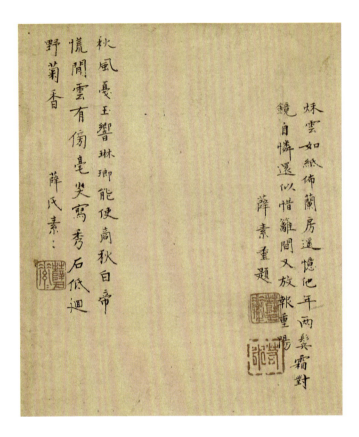

秋風褭玉響琳瑯能使高秋白帝慌閒雲有僑毫奕寫秀石低廻野菊香　薛氏素～

妖雲如紙佈蘭房道憶他年兩鬢霜對鏡自憐還似惜籬間又放報重陽　薛素重題

此画双勾菊、竹、兰，娟秀娴雅，留下大量空白，文雅的题字与画作相呼应。薛素素两次为画题字，可知她对此图的珍视。

历年间，她山水、人物、草虫、兰竹皆擅，各具意态。她的白描人物，精细传神，充分展现明代吴门白描绘画的精妙之处。书法则由《黄庭经》而来。

相传薛素素射弹的技术非常好，她把弹置于小婢额头上，一射而中，而小婢竟浑然不知。这样的神功让人想起《庄子》里那位运斤如风的木匠，能一斧削去别人鼻头上的石灰，而鼻子却安然无恙。当时江湖少年有很多人爱慕薛素素，她与武陵少年连骑出游，往往引起围观者注目。她的魅力就连女人也无法抵挡，闺阁诗人徐媛写诗对她表示钦慕，夸她"一束蛮腰舞掌轻""花神使骨气纵横"。

晚明文人歌咏才媛的文字中，常能觅得薛素素的芳踪。大才子范允临对薛素素非常爱慕，在其所珍藏的薛素素扇子上题道，某年在虎丘游船上，窥见薛素素半张脸，一时惊为天人，但也知道她的迷人处不只是美貌，偶然从朋友处得到这把墨兰扇，始终如美玉般珍藏着。

鉴藏家李日华在著名的《味水轩日记》中记载，万历四十年（1612）秋，弟子带来薛素素手绣的观音像和一卷《般若心经》，其书法深得赵孟頫笔法，李日华惊喜之余评为"精妙之极"。他感慨说，世人只知道这女子会挟弹驰骑，涂抹写意兰竹，岂知她的才情竟如此深广。

薛素素曾经嫁给《万历野获编》的作者沈德符为妾，享受过诗文对唱的闲适生活，然而最终还是以分离收场。她也曾与大才子王稚登有过一段情。细读沈德符对王稚登不堪的描绘，再回首沈、薛曾有过的情爱，其中或许有着文人相轻的情结吧？

后　记

　　历史很迷人，却也让人迷惑。每当读到史书上精彩的人物史事，总兴起无限的景仰与喟叹。

　　这本书从构思到付梓，经历了相当长的时间，几乎横跨了我研读明史、收藏明代书画的整个过程。在这当中我发现了不少精彩的人物，因此集结诸多心得与大家分享。

　　对于这本书的出版，我要特别感谢台湾大学傅申教授多年来在鉴赏上给我的指导，他始终为我们的展品严格把关，让展出品质更加完美。我也要感谢台湾清华大学杨儒宾教授在学术与出版上对我的支持。每次与他谈话，总能激发我对一些现象的重新思考。感谢何创时书法艺术基金会主任吴国豪先生长期参与研究讨论，研究员胥若玫小姐协助查考文献史料并记录整理文字，以及作家胡守芳女士为本书润色。此外，也感谢浙江大学出版社的编辑团队，他们的专业态度使得本书更臻至美。

图书在版编目（CIP）数据

万历驾到：多元、开放、创新的文化盛世 / 何国庆
编著 . -- 杭州：浙江大学出版社，2019.4
ISBN 978-7-308-19064-0

Ⅰ．①万… Ⅱ．①何… Ⅲ．①历史人物－生平事迹－
中国－万历（1573-1620）Ⅳ．① K820.48

中国版本图书馆 CIP 数据核字（2019）第 064627 号

万历驾到

何国庆 编著

策　　划	黄宝忠	
责任编辑	徐凯凯	
责任校对	吕倩岚	
封面设计	李　猛	
出版发行	浙江大学出版社	
	（杭州市天目山路 148 号　邮政编码 310007）	
	（网址：http://www.zjupress.com）	
排　　版	李　猛	
印　　刷	浙江省邮电印刷股份有限公司	
开　　本	710mm×1000mm　1/16	
印　　张	16.25	
字　　数	250 千	
版 印 次	2019 年 4 月第 1 版　2019 年 4 月第 1 次印刷	
书　　号	ISBN 978-7-308-19064-0	
定　　价	98.00 元	